よくわかる
独立行政法人
国立大学法人
連結・税効果会計

新日本監査法人【編】

実践詳解

東京 白桃書房 神田

まえがき

　平成13年4月に独立行政法人制度がスタートして、早くも3年の歳月が経過しようとしています。

　その間、国民のニーズに即応した効率的な行政サービスの提供等を実現するという理念に則り、平成13年4月より59の「独立行政法人」が独立行政法人化しました。続いて、統計センター、造幣局及び印刷局についても平成15年4月に誕生し、平成16年4月より国立病院の独立行政法人化、及び国立大学等におきましても独立行政法人制度を基本とした、国立大学法人制度が適用され、国立大学法人化しました。

　さらに今後、地方自治体における地方独立行政法人化の動きも見られるなど、このうねりは、更に拡大するものと思われます

　この流れの中、当監査法人は、幸いにも、多くの独立行政法人化支援業務、国立大学法人化の支援業務、独立行政法人の監査実務等、多くの現場で関わらせていただき、現行制度上の実務上の課題や疑問点、矛盾点等、多数の声に触れることが出来ました。

　このような現場の中で生まれた疑問を整理し、多数の方々に効率的に会計の現場を運用していただくため、平成13年5月において『よくわかる独立行政法人会計基準』、平成15年11月に『よくわかる独立行政法人会計基準［改訂版］』平成16年1月には、『よくわかる国立大学法人会計基準』を刊行して、ご好評をいただいている次第です。

　このたび、当該刊行におきまして、予想以上の分量になったことから、別冊として「よくわかる独立行政法人・国立大学法人　連結・税効果会計」を刊行させていただくこととなりました。

　独立行政法人や国立大学法人等（以下「独立行政法人等」）においての連結財務諸表作成の目的は、企業会計の場合とは異なり、公的資金が供給された法人の総合的公的資金の利用状況を示すため、独立行政法人等が出資を行った関係法人についても、単一の会計組織とみなして、財務諸表を作成し、説明責任を遂行することにあります。この目的に則って、連結財務諸表を作成するには、通常の会計処理に加えて、連結特有の会計の考え方があります。本書では、その処理を理解していただくことが重要であると考え、企業会計における連結の考え方を織り交ぜながら、わかりやすく説明をさせていただいたつもりです。

　また税効果会計とは、会計上の資産または負債の額と課税所得計算上の資産または負債の額に相違がある場合において、法人税その他利益に関連する金額を課税標準とする税金の額を適切に期間配分することにより、法人税等を控除する前の当期純利益と法人税等を合理的に対応させることを目的とする会計処理です。ほとんどの独立行政法人や国立大学法人等の非課税団体には、縁遠い議論と思われますが、特定関連会社が税効果会計適用の

法人であることが想定されることから，税効果会計の基準が独立行政法人会計基準及び国立大学法人についても定められているものと考えられ，どんなケースで税効果会計が適用されるのかまた，税効果会計とはどういう概念なのかを知っていただくことは，現場に携わるものとしては，必須なものと考えています。

現段階の独立行政法人や国立大学法人等において，実務上前例が乏しい中，現場における必携の書として，本書が，独立行政法人，国立大学法人等，さらには地方独立行政法人，私立大学の会計あるいはディスクロジャーに携わる方々にお役に立てれば幸いです。

現状における国立大学法人会計基準や独立行政法人会計基準における連結会計規定，税効果会計規定は，限定的規定であり，詳細なところは，企業会計の考え方を取り入れて考えることとなりますが，今後，独立行政法人や国立大学法人等にかかる連結会計の慣行が成熟するにつれ，独立行政法人や国立大学法人等における特有で詳細な規定が設定される可能性があります。私どもは，そのような状況にいたることがあったとしても，適時，対応を図ってまいる所存です。

なお，今回の出版にいたるまで，国立大学法人会計基準や独立行政法人会計基準の解釈に当たっては，国立大学等の独立行政法人化に関する調査検討会議・財務会計制度委員会及び国立大学等の独立行政法人化に関する調査検討会議・財務会計制度委員会及び国立大学基準検討会議の委員である樫谷隆夫代表社員の数々の有益なアドバイスを得たこと，及び執筆メンバーの多大な労力に感謝いたします。

平成16年6月

新日本監査法人
理　事　長
代表社員

水　嶋　利　夫

新日本監査法人の概要

　新日本監査法人は，約2,700名の公認会計士等と関係会社におけるコンサルタント，SE，システム監査人，税理士等の専門スタッフが監査，会計，コンサルティングサービスを総合的に提供しています。

　公会計本部では，公会計の先駆者として20年以上にわたる監査業務の実績があり，現在では，特殊法人／独立行政法人，国立大学，医療／福祉，地方自治体，公益法人／NPO法人／政党の各分野に専属約130名を設け，他部門との兼務者を含めると総勢200名以上が，会計指導，会計監査，研修講師，財務会計システムなどの設計・導入などのサービスを総合的に提供しております。特に，独立行政法人化については，専門部隊を編成し，多数の機関の法人化設立支援，監査業務へ従事してまいりました。

　詳しくは，弊法人ホームページ http://www.shinnihon.or.jp/をご覧ください。

****

監修：清水至，大久保和孝

執筆：大久保和孝，吉村祐二，熊本里規，溝口貴伸，中野圭介，斉藤禎治，戸谷英之

****

目　次

Ｉ．連結財務諸表編

第❶章　連結財務諸表 ―――――――――――――――――― 3

第１節　連結財務諸表とは何か ―――――――――――― 3
第２節　作成の理由 ――――――――――――――――― 5
第３節　連結の対象となる法人 ―――――――――――― 6
第４節　連結財務諸表の作成方法 ――――――――――― 8
　⑴　連　　結（8）
　⑵　持 分 法（10）
第５節　外貨建財務諸表について ――――――――――― 11
第６節　連結納税制度 ――――――――――――――――11
第７節　独立行政法人・国立大学法人等と連結財務諸表 ―― 12
　⑴　独立行政法人等と企業会計（12）
　⑵　独立行政法人における連結財務諸表（13）
　⑶　国立大学法人における連結財務諸表（13）

第❷章　連結財務諸表の作成 ――――――――――――――― 15

第１節　総　　則 ―――――――――――――――――― 15
　⑴　連結財務諸表の作成目的及び一般原則（15）
　⑵　連結の範囲（20）
　⑶　連結決算日（30）
　⑷　会計処理の原則（32）
　⑸　連結財務諸表の体系（34）
　⑹　区分経理について（34）
第２節　連結貸借対照表作成基準 ――――――――――― 35
　⑴　基本原則・評価（35）
　⑵　出資と資本の相殺消去（39）
　⑶　少数株主持分（48）

(4) 債権債務の相殺 (50)
　　(5) 税効果会計 (51)
　　(6) 持 分 法 (51)
　　(7) 持分法における処理 (57)
　　(8) 表　示 (58)
　第3節　連結損益計算書作成基準 ────────────── 61
　　(1) 基本原則 (61)
　　(2) 取引の相殺消去 (62)
　　(3) 未実現損益の消去 (63)
　　(4) 表　示 (64)
　第4節　連結キャッシュ・フロー計算書作成基準 ────── 66
　　(1) 基本原則 (66)
　　(2) 作　成 (67)
　　(3) 表　示 (68)
　第5節　連結剰余金計算書作成基準 ───────────── 73
　　(1) 基本原則 (73)
　　(2) 表　示 (74)
　第6節　関連公益法人等 ───────────────── 75
　　(1) 情報開示 (75)
　　(2) 範　囲 (76)
　第7節　連結財務諸表の附属明細書・セグメント情報・注記事項 ── 82
　　(1) 附属明細書 (82)
　　(2) セグメント情報 (109)
　　(3) 注記事項 (113)
　第8節　区分経理 ─────────────────── 114
　第9節　特定関連会社及び関連会社の欠損時の処理 ───── 115

Ⅱ．税効果会計編

第❶章　税効果会計 ──────────────────── 119
　第1節　税効果会計とは何か ────────────── 119
　第2節　税効果会計を行う理由 ───────────── 120
　第3節　個別上の税効果と連結上の税効果 ────────── 121
　第4節　企業会計と独立行政法人等の税効果の違い ────── 121

第❷章　各基準の解説 ─────────────────── 123

(1) 個別上の税効果 (125)
　　(2) 連結上の税効果 (137)
　　(3) 持分法上の税効果 (144)

第❸章　繰延税金資産の回収可能性の検討 ─────────── 149

参考資料 ─────────────────────────── 155

総合問題　第1問 ──────────────────────── 156
総合問題　第2問 ──────────────────────── 164

独立行政法人等会計基準・注解，Q&A索引 ─────────── 183

独立行政法人・国立大学法人の会計基準の対応早見表

内　容	独法基準	国大基準
Ⅰ．連結財務諸表編		
第1章　連結財務諸表		
第1節　連結財務諸表とは何か		
第2節　作成の理由		
第3節　連結の対象となる法人		
第4節　連結財務諸表の作成方法		
(1)　連　　結		
(2)　持　分　法		
第5節　外貨建財務諸表について		
第6節　連結納税制度		
第7節　独立行政法人・国立大学法人等と連結財務諸表		
(1)　独立行政法人等と企業会計		
(2)　独立行政法人における連結財務諸表		
(3)　国立大学法人における連結財務諸表		
第2章　連結財務諸表の作成		
第1節　総　　則		
(1)　連結財務諸表の作成目的及び一般原則	D99，D100 C74，C75 Q100-1	D89，D90 C59，C60 Q90-1
(2)　連結の範囲	D101 C76 Q101-1〜Q101-5	D91 C61 Q91-1〜Q91-4
(3)　連結決算日	D102 C77 Q102-1	D92 C62
(4)　会計処理の原則	D103 C78	D93 C63
(5)　連結財務諸表の体系	D104	D94
(6)　区分経理について	－	－
第2節　連結貸借対照表作成基準		
(1)　基本原則・評価	D106，D107 C79 Q107-1	D95，D96 C64 Q96-1
(2)　出資と資本の相殺消去	D108	D97
(3)　少数株主持分	D109 C80	D98 C65
(4)　債権債務の相殺	D110	D99
(5)　税効果会計	－	－

(6) 持分法	D112 C81 Q112-1	D101 C66 Q101-1
(7) 持分法における処理	―	―
(8) 表　示	D113 C82 Q113-1	D102 C67 Q102-1
第3節　連結損益計算書作成基準		
(1) 基本原則	D114	D103
(2) 取引の相殺消去	D115	D104
(3) 未実現損益の消去	D116	D105
(4) 表　示	D117	D106
第4節　連結キャッシュ・フロー計算書作成基準		
(1) 基本原則	D118	D107
(2) 作　成	D119 Q119-1	D108 Q108-1
(3) 表　示		
第5節　連結剰余金計算書作成基準		
(1) 基本原則	D120	D109
(2) 表　示	D121	D110
第6節　関連公益法人等		
(1) 情報開示	D122 C83	D111 C68
(2) 範　囲	D123 C84 Q123-1〜Q123-3	D112 C69 Q112-1〜Q112-3
第7節　連結財務諸表の附属明細書・セグメント 　　　情報・注記		
(1) 附属明細書	D124	D113
(2) セグメント情報	D125 C85 Q125-1	D114 C70 Q114-1
(3) 注記事項	D126	D115
第8節　区分経理	D105	―
第9節　特定関連会社及び関連会社の欠損時の処理	C80	C65
II．税効果会計編		
第1章　税効果会計		
第1節　税効果会計とは何か		
第2節　税効果会計を行う理由		
第3節　個別上の税効果と連結上の税効果		
第4節　企業会計と独立行政法人等の税効果の違い		
第2章　各基準の解説	D111，D35 C31，C32 Q35-1	D100

　　　　(1) 個別上の税効果
　　　　(2) 連結上の税効果
　　　　(3) 持分法上の税効果
　　第3章　繰延税金資産の回収可能性の検討

参考資料

総合問題1
総合問題2

独立行政法人等会計基準・注解，Q＆A索引

〈記号の説明〉

　　　　　　　　　　　　　　　　　　　　　　　　　本書での表記

D	会計基準第○○	「独立行政法人会計基準第○○」	国立大学法人会計基準第○○
C	会計基準注解○○	関係する基準の下に入れて「注○○」	関係する基準の下に入れて「注○○」
Q	独法→会計基準及び会計基準注解に関するQ＆A	「独立行政法人Q＆A○○」	
	国大→会計基準及び会計基準注解に関する実務指針		「国立大学法人実務指針○○」

I
連結財務諸表編

第1章
連結財務諸表

第1節　連結財務諸表とは何か

　連結財務諸表とは，一定の関係にある2以上の関係法人からなる法人集団を単一の組織体とみなして，その全体としての財政状態や運営状況を報告するために作成される財務諸表です。

　連結財務諸表はもともと欧米の企業会計に始まったもので，経済の複雑化，経営の多角化，所有関係の複雑化と国際化などにより単に1社の財務諸表を公表しても，財務諸表の利用者である利害関係者（投資家・債権者等）の必要とする情報が得られなくなったことから作成されることとなりました。

　日本の企業会計ではそれよりやや遅れて，1977年に有価証券報告書への添付書類となり，1991年に有価証券報告書本体（個別財務諸表の後ろ）に記載すべきこととなりました。

　そして，1990年代後半に入って連結財務諸表原則が改訂され，それまでの個別重視から連結重視に移行し，有価証券報告書上も個別財務諸表よりも前に記載されることとなったのです。

　このような流れの中で，2001年に国の組織機関の独立行政法人化が始まり，その後徐々に特殊法人等からの独立行政法人化，そして2004年4月に一斉に行われた国立大学及び研究機関の国立大学法人等化を踏まえて会計基準・注解・実務指針が整理されました。そして，その会計基準に連結財務諸表についての規定を含めるかどうかの検討がなされた結果，独立行政法人及び国立大学法人等（以下「独立行政法人等」という）のそれぞれの会計基準においてもこれらを規定すべきこととされました。

　ただし，独立行政法人等は，企業のように営利を目的として運営される法人ではなく，その公共的な性格から社会に広くどのような運営を行っているかを情報開示するものであるため，企業における連結財務諸表の原則をそのまま適用すると不具合が起こると考えられます。

　したがって，会計基準のベースとしては企業会計を念頭におき，企業会計における連結財務諸表原則やその実務的な指針である日本公認会計士協会の公表する委員会報告などを参考にしつつ，独立行政法人等の公共性から生ずる違いを盛り込む必要があり，このようにして作成されたのがそれぞれの会計基準に含まれる連結財務諸表の規定なのです。

なお特殊法人等においては，種々の必要性から，複数の区分経理勘定ごとに決算書を作成する実務が行われていますが，独立行政法人においては，区分経理単位ごとの財務諸表（勘定別財務諸表）と個々の勘定を結合した法人全体の財務諸表を作成することとなっています。

国立大学法人においては，部局との関係の中の本支店会計と連結会計があります。本支店会計は，法人内部での部局の状況を明らかにしていく会計であり，連結会計は，資本関係が有り，別の法人格をもったものを一つの法人とみなして，その状況を明らかにしていく会計であることに留意する必要があります。

【図1−1】連結財務諸表

目　的	個別財務諸表		連結財務諸表
	独立行政法人	国立大学法人等	
財政状態を表す	貸借対照表	貸借対照表	連結貸借対照表
経営成績を表す	損益計算書	損益計算書	連結損益計算書
資金の流れを表す	キャッシュ・フロー計算書	キャッシュ・フロー計算書	連結キャッシュ・フロー計算書
利益（連結剰余金）の処分を行う	利益処分計算書 損失処理計算書	利益処分計算書 損失処理計算書	連結剰余金計算書
行政コストを表す	行政サービス実施コスト計算書	国立大学法人等業務実施コスト計算書	―
貸借対照表・損益計算書等の明細を表す	附属明細書 (1)固定資産の取得及び処分並びに減価償却費の明細 (2)たな卸資産の明細 (3)有価証券の明細 (4)長期貸付金の明細 (5)長期借入金及び（何）債券の明細 (6)法令に基づく引当金等の明細 (7)保証債務の明細 (8)資本及び資本剰余金の明細 (9)積立金等の明細及び目的積立金の取崩しの明細 (10)運営費交付金債務および運営費交付金収益の明細 (11)国等からの財源措置の明細 (12)役員及び職員の給与の明細 (13)開示すべきセグメント情報 (14)上記以外の主な資産・負債・費用及び収益の明細	附属明細書 (1)固定資産の取得及び処分並びに減価償却費の明細 (2)たな卸資産の明細 (3)無償使用国有財産の明細 (4)PFIの明細 (5)有価証券の明細 (6)出資金の明細 (7)長期貸付金の明細 (8)長期借入金の明細 (9)国立大学法人等債の明細 (10)引当金の明細 (11)保証債務の明細 (12)資本金及び資本剰余金の明細 (13)積立金等の明細及び目的積立金の取崩しの明細 (14)運営費交付金債務および運営費交付金収益の明細 (15)国等からの財源措置の明細 (16)役員及び教職員の給与の明細 (17)開示すべきセグメント情報 (18)寄附金の明細 (19)受託研究の明細 (20)共同研究の明細 (21)受託事業等の明細 (22)上記以外の主な資産・負債・費用及び収益の明細	連結附属明細書 (1)特定関連会社，関連会社及び関連公益法人等の概要 (2)特定関連会社，関連会社及び関連公益法人等の財務状況 (3)特定関連会社及び関連会社株式並びに関連公益法人等の基本財産等の状況 (4)特定関連会社，関連会社及び関連公益法人等との取引の状況 ＋ 個別財務諸表に準じる項目

第2節　作成の理由

　連結財務諸表が作成されるようになった理由は企業の多角化や複雑化にあったことを前述しましたが，独立行政法人等においては営利目的で運営が行われているわけではなく，それぞれの法人の設立目的を達成すべく投資を行った結果，法人と一定の関係を有する法人集団ができあがっているものです。独立行政法人等で連結財務諸表を作成しなければならない理由は別にあります。

　それは，やはりこれらの法人の公共性から生じています。

　独立行政法人等は国民にとって欠かすことのできない行政・教育・研究等サービスの提供という重要な使命を背負っており，そのための財源は主として運営費交付金等の税金によって賄われています。したがって，独立行政法人等はこの財源を法人の設立目的のために適正に利用するとともに，その財政状態や運営状況を広く社会に対して公表する責任があります。

　こういった説明責任の観点から，独立行政法人等では単体の財務諸表が公表されるのですが，一方で単体の財務諸表のみでは独立行政法人等における財源の利用状況は分かるものの，これら法人が他の法人等に対して行った出資や業務委託といった部分については利用の状況が分からないことになってしまいます。

　そこで，公的資金の総合的な利用の状況を適正に示すために，独立行政法人等が出資等を行った関係法人についても単一の会計組織とみなした財務諸表を作成することでアカウンタビリティーを遂行することができるのです。

【図1－2】公的資金が供給された単一の組織体

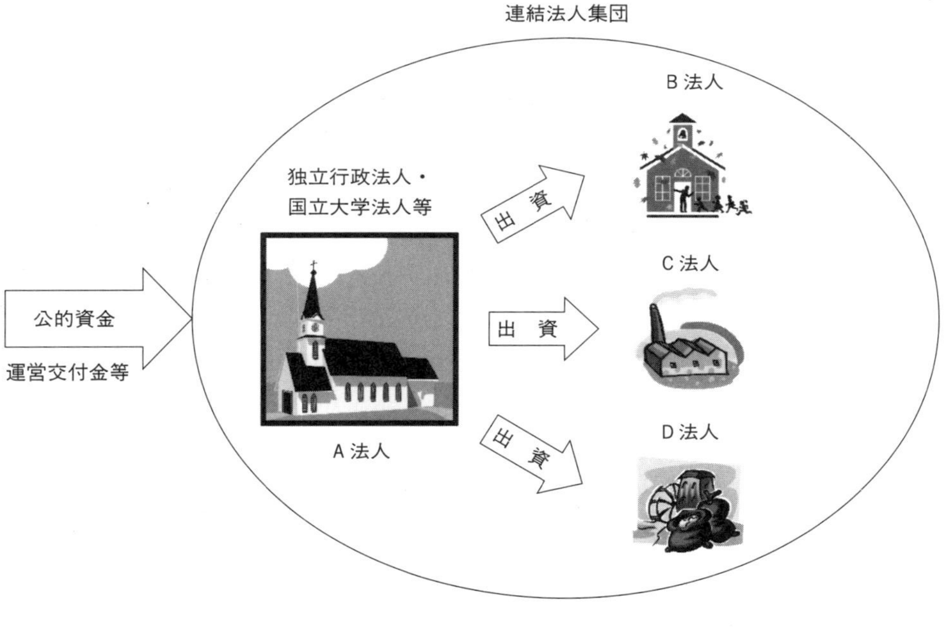

第3節　連結の対象となる法人

　それでは，独立行政法人等とどのような関係を持つ法人が"一定の関係を持つ法人"として連結の範囲に含まれるのでしょうか。

　企業会計では，日本公認会計士協会監査委員会報告第60号「連結財務諸表における子会社及び関連会社の範囲の決定に関する監査上の取扱い」によりその連結の範囲が詳細に定められており，独立行政法人等の連結対象の決定においても，この委員会報告がベースになっていると考えられます。

　企業会計の連結の範囲は，親会社（財務諸表提出会社）が投資等を行っている会社等に対し，出資・人事・資金・技術・取引等の観点から「支配」していると認められる関係にあるか，あるいは「影響」を与えると認められる関係にある場合，これらを連結の範囲としています。これを支配力基準・影響力基準と呼んでいます。そして，親会社が支配していると認められる会社等を「子会社」，一定以上の影響力を与えることができると認められる会社等を「関連会社」と呼びます。

　一方，独立行政法人等の出資等の目的は企業と異なって経営の多角化や部門の分離による専業特化などでなく，社会的使命の達成のために行われることから，必ずしも独立行政法人等と出資等の相手法人との間に支配従属関係が認められるわけではありませんが，出資，人事取引等の観点から多大な影響力を与えていると判断される場合には連結の範囲に含めることが必要となります。

　この場合，まったく同一ではありませんが，企業会計で「子会社」にあたる会社等が独立行政法人等会計基準では「特定関連会社」，企業会計で「関連会社」にあたる会社等は同様に「関連会社」と呼ばれます。

　ところで，独立行政法人は「国民生活及び社会経済の安定等の公共上の見地から確実に実施されることが必要な事務及び事業」（通則法第2条第1項）を行うものです。したがって，業務上余裕が生じた場合にもその運用は安全資金に限定する趣旨より，通則法第47条により，その余裕資金の運用は，

　ア）国債，地方債，政府保証債その他主務大臣の指定する有価証券の取得
　イ）銀行その他主務大臣の指定する金融機関への預金又は郵便貯金
　ウ）信託業務を営む銀行又は信託会社への金銭信託

に限定されています。また，「独立行政法人の業務等が国民のニーズとは無関係に自己増殖的に膨張することを防止するため，……，独立行政法人による出資等は，独立行政法人の本来業務及びそれに附帯する業務に係るもの以外には認めないものとし，個別法令に定めがある場合に限ることとする（中央省庁等改革の推進に関する方針Ⅲ3．(2)）」としています。

　一方，国立大学法人においては，国立大学法人法22条1項6号（大学共同利用機関法人

については29条1項5号）により「技術に関する研究の成果の活用を促進する事業であって政令で定めるものを実施する者に出資すること」を業務の範囲としていること，及び準用通則法により，基本的に余裕資金の運用としての出資は認められておらず，政令で定める範囲の限定的なものとなります。（TLOへの出資等）

また，企業会計にはない概念として「関連公益法人等」という区分の関連法人が独立行政法人・国立大学法人会計基準には規定されています。これは独立行政法人等で連結財務諸表を作成する単位が公的資金の供給されている単位であるため，たとえ公益を目的としている法人であってもその範囲に含めることが妥当だと考えられるためです。

【図1－3】連結の対象となる法人

	独立行政法人・国立大学法人等 	会計基準上の対応	参考 一般事業会社 
会社等の意思決定を支配していると認められる	特定関連会社	完全連結 全部連結して連結財務諸表として表示	子会社
会社等の意思決定に重要な影響力を与えられる	関連会社	持分法 部分連結して連結財務諸表として表示	関連会社
公益法人等の事業の決定に重要な影響力を与えられる	関連公益法人等	連結せず 附属明細書で表示するのみ	────

連結の対象となる会社等については，企業会計も独立行政法人等においても，原則として全ての会社等を連結の範囲に含めることとなっています。しかし，企業会計の実務においては連結対象となる子会社等が1000社を超えるような大企業集団も中にはあります。そこで，資産・収益等を考慮して，連結の範囲から除いてもほとんど影響がない程度に重要性が乏しい会社等に関しては，連結の作業自体にかかる手間を考慮して連結の範囲から除外することもできることとなっています。

この重要性規定については独立行政法人等のそれぞれの会計基準においてもほぼ同様の基準が設けられていますが，企業における連結範囲ほど巨大な法人集団となることは稀であると考えられます。

連結の範囲の詳細に関しては，後述第3章で説明していますのでご参照ください。

【図1-4】連結の範囲に含めるか否かについての重要性

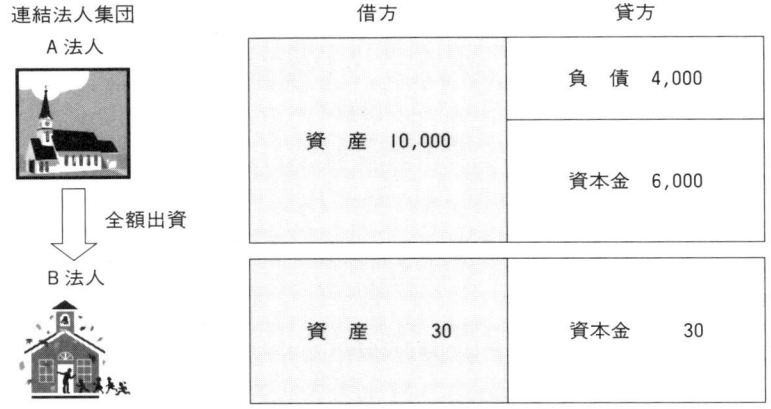

連結財務諸表の範囲から除いても企業集団の財政状態及び経営成績に関する合理的な判断を妨げない程度に重要性が乏しい子会社かどうかは，企業集団における個々の子会社の特性，連結財務諸表への影響を加味して判断すべき。

第4節　連結財務諸表の作成方法

(1) 連　結

ここでは，連結財務諸表の作成方法について，そのイメージを簡単に説明していきます。詳細な説明と実際の仕訳の例は，後述第3章をご参照ください。

連結とは，文字通り，複数の会社の財務諸表をつなげて（合算して），それを単一の組織とみなすことですが，ただ単にすべての財務諸表の数字を合計しただけではその法人集団の正しい姿を表すことはできません。

【図1-5】連結財務諸表作成の流れ

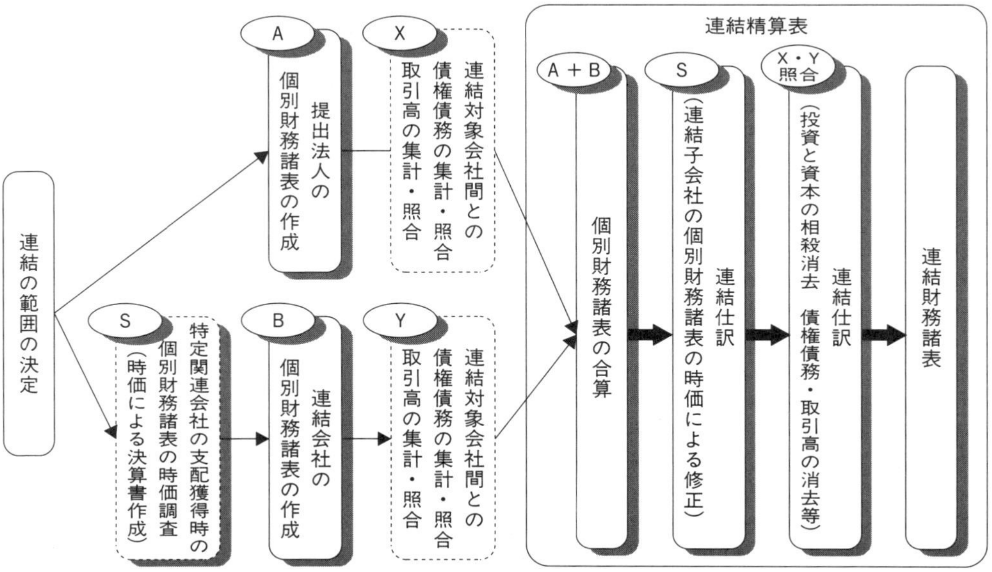

第❶章　連結財務諸表　9

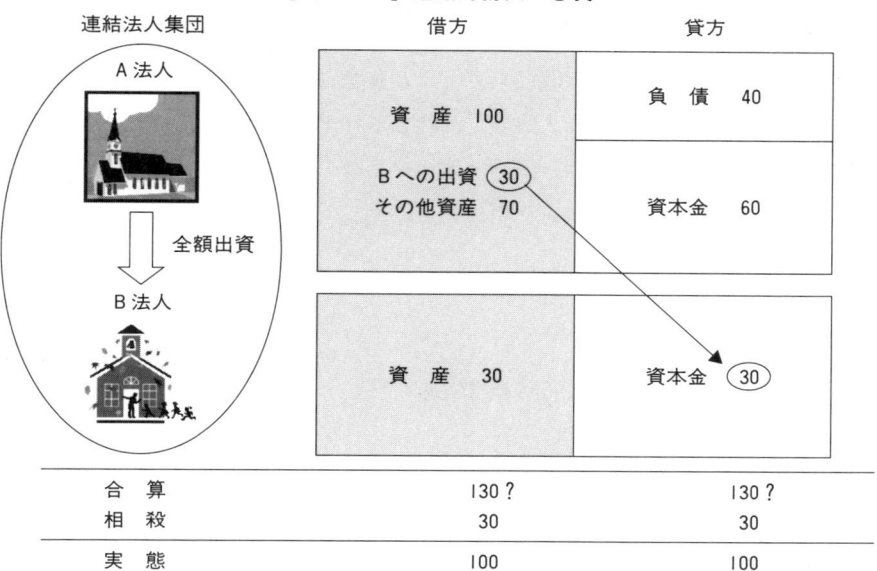

【図1－6】連結財務表の意義

連結法人集団	借方	貸方
A法人 　↓全額出資 B法人	資産　100 Bへの出資 ㉚ その他資産 70 資産　30	負　債　40 資本金　60 資本金 ㉚

	借方	貸方
合　算	130？	130？
相　殺	30	30
実　態	100	100

　【図1－6】のような法人集団の場合，出資元であるA法人の資産は100計上されていますが，このうちA法人100％出資のB法人に対する出資が30です。一方，B法人では現金と資本金が30計上され，これはA法人が出資した金額に対応しています。法人集団での連結財務諸表が単にこれらを合計するものとすると，集団の資産は100＋30＝130となりますが，この出資は法人集団内で行われているものであり，法人集団を単一の組織とみなした場合には出資と資金の受け入れ（＝資本金の計上）は起こっていないとみるべきです。でなければ，A法人が出資を次々と行った分だけ法人集団として資産（または負債及び資本）が両建てで膨らむこととなってしまいます。

　そこで，連結修正という作業が必要となります。

【図1－7】財務諸表の合算と相殺消去

勘定科目	A法人	B法人	C法人	合算	消去	連結
現金及び預金	30	20	10	60	0	60
売掛金	100	120	150	370	-70	300
出資金	160	0	0	160	-160	0
…	…	…	…	…	…	…
買掛金	-60	-80	-40	-180	70	-110
…	…	…	…	…	…	…
少数株主持分	0	0	0	0	-60	-60
資本金	-200	-90	-70	-360	160	-200
運営費交付金収入	-100	-250	-150	-500	0	-500
委託料収入	-200	…	…	…	200	0
（何）業務費	250	200	100	550	-200	350
…	…	…	…	…	…	…
合計	0	0	0	0	0	0

（注）借方はプラス，貸方はマイナスで表示しています。

つまり、一度財務諸表を全て合算した上で、法人集団内で行われた取引を相殺消去するのです。上記の例では出資関係があっただけでしたが、たとえばＡ法人がＢ法人に物品を販売したような場合、Ａ法人では収益（売上）と資産（売上債権）が計上され、同時にＢ法人では費用（仕入）と負債（仕入債務）が計上されますが、これらは法人集団内部の取引に過ぎませんので、収益と費用、債権と債務をそれぞれ消去することになります。この他にも内部利益を計上している場合や引当金を計上している場合など、それぞれの項目で様々な修正を行うことが必要です。

(2) 持分法

ところで、今まで連結についてその概念等を説明しましたが、連結と一言に言っても、実はその方法には２種類あります。

【図１－６】に示した例はいわゆる"全部連結"のものです。連結財務諸表を作成すべき独立行政法人等が、連結される法人等に与える影響が多大であり、「特定関連会社」にあたる場合にはこの処理が行われます。なぜなら、特定関連会社に該当する条件の１つとして会社等の「議決権の過半数を所有している」ような場合が挙げられますが、このような状況にあってはその特定関連会社における意思決定はかなりの部分、議決権を所有している側の意向を汲んだものになることが予想されます。したがってその法人全体が法人集団に属するものと考えても問題はありません。

しかし、連結される側が「関連会社」に該当するような場合には、たとえば議決権の20％以上を実質的に所有しているケースなどが考えられますが、独立行政法人等が重要な影響を与えることができるものの、影響を与える割合としては少数派であり、他に筆頭所有者がいるようなことも考えられます。このような状況では、その法人全体を独立行政法人等の法人集団に属するものと考えることはできません。したがって、このような場合、持分法という処理を行います。持分法は"全部連結"に対応して"一行連結"とも呼ばれます。

すなわち、財務諸表を合算して法人集団内の取引を消去するのではなく、連結される側の法人が自ら法人集団外で行う活動によって獲得した損益を、出資の割合に応じた持分だけ法人集団に取り込んで、それに見合った出資勘定を増減させるという処理を行うのです。

このように、特定関連会社については全部連結を、関連会社については持分法を適用して財務諸表を作成します。（全部）連結を行わないとした特定関連会社についても、持分法を適用します。ただし、（全部）連結する必要がなく、かつ、持分法も適用しないとした場合にはその法人については連結の範囲から除外することとなります。

また、関連公益法人については、広い意味で法人集団に含まれるため連結財務諸表に開示が必要となるものの、注記事項や附属明細書等でその情報を開示することで足り、連結や持分法を適用する必要はありません。

【図1-8】連結と持分法の違い

★特定関連会社→全て独立行政法人等と合算する連結を適用
★関連会社，連結の範囲に含めなかった特定関連会社→投資勘定で調整する持分法を適用

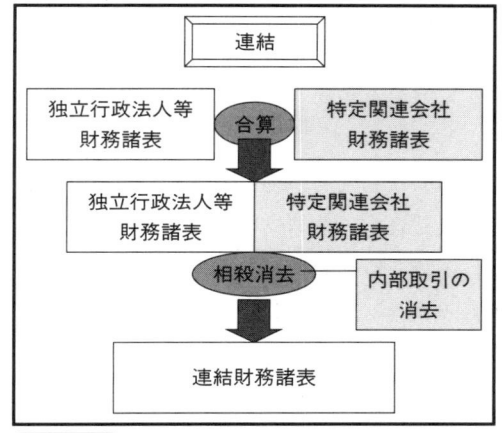
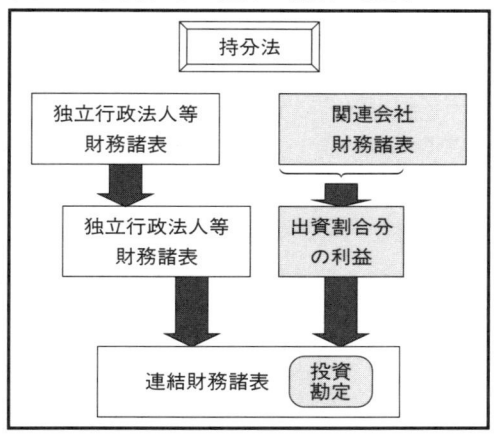

| 共通点 | 連結でも持分法でも連結財務諸表上の「利益」の金額は同じである。 |
| 相違点 | 連結の場合は特定関連会社の資産・負債・資本・収益・費用をすべて合算するが，持分法は「利益」を「投資勘定」でのみ調整するため，両者の資産・負債・資本・収益・費用は結果が異なる。 |

第5節　外貨建財務諸表について

　独立行政法人等が行う外貨建取引については，それぞれの会計基準第34で規定され，基本的には企業会計と同様の会計処理を行うこととされています。
　一方，企業会計においては，連結に際して在外子会社（海外にある子会社等）を連結の範囲に含めることが国際的な企業では通常であり，在外子会社の財務諸表項目をどう換算するかについても，会計制度委員会報告第4号「外貨建取引等の会計処理に関する実務指針」によって詳細に規定されていますが，独立行政法人等会計基準においてはこの規定がされておりません。これは，現在のところ，在外連結対象法人が発生することが想定されないためであると考えられます。今後，独立行政法人等の活動が国際的に展開され，在外連結対象法人の可能性が生じるようであればこれについての規定が整備される必要がありますが，その場合においても企業会計の規定がベースとなると考えられます。

第6節　連結納税制度

　連結納税制度は企業グループの一体性に着目し企業グループをあたかも一つの法人であるかのように捉えて法人税を課税する仕組みです。
　株式所有を通じて支配従属関係にある複数の法人について，その法的性格よりもグループの経済的な一体性を重視してそのグループを課税単位とするものです。

連結納税は，適正な課税ベースの算定という公平課税を目指すものであり，連結財務諸表は，持株会社の発展等により，個別財務諸表では適正な財務情報を十分に開示しきれなくなったために発達してきたものです。そのため，連結納税制度も同じように個別財務諸表から税額計算をおこない，連結財務諸表は連結納税の税額計算には無関係です。

　また，この２つの制度は，それぞれの「連結」に含める範囲や，やり方もほとんどの場合関連がありません。

　連結納税は，グループ企業内の所得と欠損を通算する制度といえますから，その全ての所得が課税対象となり，常に納税義務者となる法人だけが，連結納税の対象とされています。親会社となる法人に協同組合等が加えられたのは，協同組合等もその全ての所得が課税対象となるためです。また協同組合等も子会社を持ちグループ経営をおこなっているので適用されます。

　現状，独立行政法人等について，全ての所得が課税対象となることは，想定しにくいため，連結納税制度の導入についても，当面，考慮する必要はないものと考えられます。

【図１－９】連結納税対象法人について

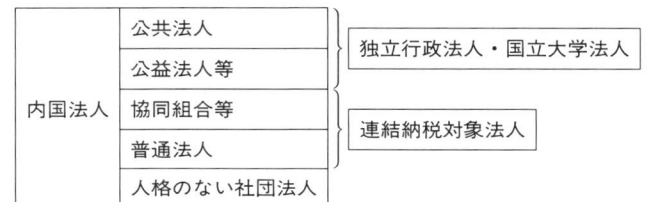

第７節　独立行政法人・国立大学法人等と連結財務諸表

(1)　独立行政法人等と企業会計

　企業会計において連結財務諸表を作成する目的は，支配従属関係にある二以上の会社（会社に準ずる支配事業体を含む）からなる企業集団を「単一の組織体」とみなして，親会社が当該企業集団の財政状態及び経営成績を総合的に報告するために作成するものであります。

　それに対して，独立行政法人等については，資金供給業務としての出資が行われた会社については，その出資の目的と性格から支配従属関係などが，明確でないものも含まれるため，これらを経済的に「単一の組織体」とみなすことには，無理が生じる場合が出てきます。さらに資本の概念や収益の認識基準について，利益獲得を目的とする民間企業の財務諸表と利益獲得を目的としない独立行政法人等の財務諸表とは大きく異なってきます。

　独立行政法人等は，他に合理的な理由がない限り，この独立行政法人等会計基準及び注解に定めるところに従わなければなりません。しかし，そこに定められていない事項については，一般に公正妥当と認められている企業会計の基準に従うこととなります。

このように，連結財務諸表の相違の原因として，事業目的の相違，組織の相違，資本や収益の概念の相違より，連結財務諸表にもとめられる役割が大きく異なっていることが考えられます。

(2) 独立行政法人における連結財務諸表

独立行政法人の連結財務諸表については，具体的には，第3章において説明しますが，ここでは，独立行政法人の連結財務諸表の特質をふれていきたいと思います。改訂前の会計基準においては，その時点で連結情報が必要とされる場面が想定できないことから，連結財務諸表についての言及はありませんでした。

しかし，特殊法人の独立行政法人化を踏まえた改訂にあたっての前文において，「民間企業等に対する出資を業務として実施する独立行政法人が設立されることから，独立行政法人とその出資先の会社等を公的な資金が供給されている一つの会計主体と捉え，公的な主体である独立行政法人の説明責任を果たす観点から連結財務諸表に関する基準を新たに設定することとした」と述べられています。

独立行政法人と出資先との間に支配従属の関係は，規定されていません。そのため，子会社と言う用語のかわりに，ほぼ相当すると思われる新たな概念として特定関連会社との用語で表現されています。

また，連結附属明細書において，関連公益法人等の情報開示が求められていることが，特徴的です。関連公益法人等とは，一定の要件を満たせば，あらゆる法人が含まれうると考えられます。

また独立行政法人は，個別法において区分経理が要請される事となっている法人については，連結上においても区分経理を行い，勘定別連結財務諸表を作成しなければなりません。

(3) 国立大学法人における連結財務諸表

基本的に独立行政法人の会計基準を踏襲していることから，独立行政法人と大きく変更はありません。しかしながら，国立大学法人の連結と，独立行政法人と大きく異なるところは，連結貸借対照表が固定性配列になること及び区分経理の規定がないことが挙げられます。

【図1-10】独立行政法人・国立大学法人等との連結会計制度の相違点

	独立行政法人	国立大学法人
連結貸借対照表配列	流動性配列法	固定性配列法
区分経理	勘定別に連結財務諸表を作成	特に規定なし

第❷章
連結財務諸表の作成

第1節 総　則

(1) 連結財務諸表の作成目的及び一般原則

独立行政法人会計基準　「第99　連結財務諸表の作成目的」
　連結財務諸表は，独立行政法人とその出資先の会社等（以下「関係法人」という。）を公的な資金が供給されている一つの会計主体として捉え，独立行政法人が関係法人集団（独立行政法人及び関係法人の集団をいう。以下同じ。）の財政状態及び運営状況を総合的に報告するために作成するものである。（注74）

〈注74〉連結財務諸表の作成目的及び性格について
1　独立行政法人が行う出資等は，法人の設立目的を達成するために業務として行われるものであり，独立行政法人と関係法人の間に必ずしも支配従属関係が認められるわけではないが，独立行政法人と関係法人を公的な資金が供給されている一つの会計主体とみなして，公的な主体としての説明責任を果たす観点から，連結財務諸表の作成，開示を行うものである。
2　このような観点から作成される連結財務諸表は，公的な資金がどのように使用されているかを示すことを主たる目的としており，独立行政法人の評価は，個別財務諸表により行われる必要がある。
3　関係法人には，独立行政法人が出資を行っている民間企業のほか，法人と一定の関係を有する公益法人等が含まれる。

国立大学法人会計基準　「第89　連結財務諸表の作成目的」
　連結財務諸表は，国立大学法人等とその出資先の会社等（以下「関係法人」という。）を公的な資金が供給されている一つの会計主体として捉え，国立大学法人等が関係法人集団（国立大学法人等及び関係法人の集団をいう。以下同じ。）の財政状態及び運営状況を総合的に報告するために作成するものである。（注59）

〈注59〉連結財務諸表の作成目的及び性格について
1　国立大学法人等が行う出資等は，法人の設立目的を達成するために業務として行われる

ものであり，国立大学法人等と関係法人の間に必ずしも支配従属関係が認められるわけではないが，国立大学法人等と関係法人を公的な資金が供給されている一つの会計主体とみなして，公的な主体としての説明責任を果たす観点から，連結財務諸表の作成，開示を行うものである。
2 このような観点から作成される連結財務諸表は，公的な資金がどのように使用されているかを示すことを主たる目的としており，国立大学法人等の評価は，個別財務諸表により行われる必要がある。
3 関係法人には，国立大学法人等が出資を行っている民間企業のほか，法人と一定の関係を有する公益法人等が含まれる。

独立行政法人等における連結財務諸表の作成の目的は，第1章でも述べたように，公的な資金の使われ方を広く社会に説明することにあります。

すなわち独立行政法人等の運営は，主として税金を財源とした運営費交付金等によって賄われておりますが，その交付金等は交付された法人のみによって使われることもありますし，出資という形により他の法人格で使われることもあり，この場合には交付金等を受けた独立行政法人等が自身の財政状態・運営状況を開示するだけでは公的資金の全額の使途を説明することになりません。

したがって，公的資金がいかに使用されたかを明確にするために，連結すべき法人集団がある場合には個別財務諸表と連結財務諸表の両方を開示することとなります。

ただし法人自体の評価については，個別財務諸表によっておこなわれることとなります。

【図2－1】法人の業績評価

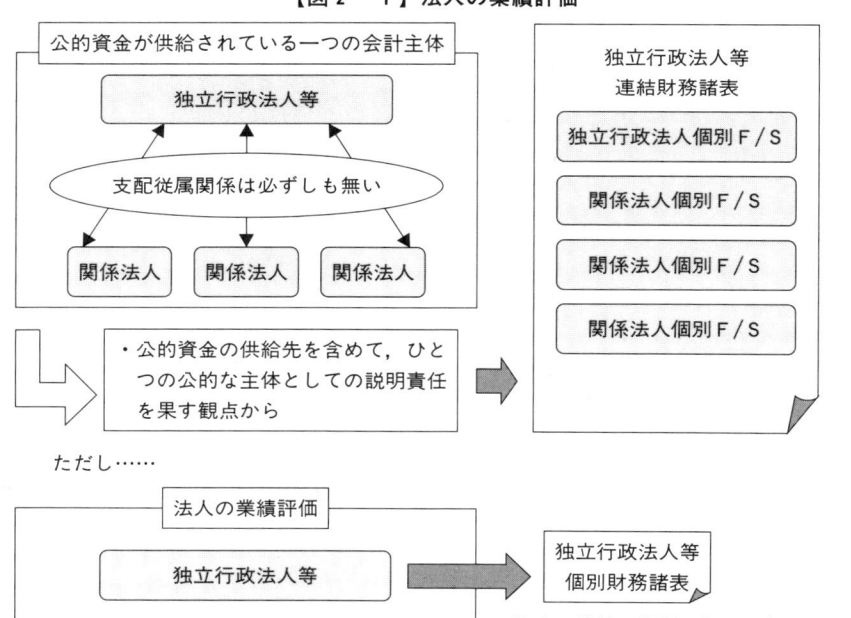

法人の業績の評価は個別F/Sで行う。

独立行政法人会計基準 「第100 連結財務諸表一般原則」
1　連結財務諸表は，関係法人集団の財政状態及び運営状況に関して真実な報告を提供するものでなければならない。
2　連結財務諸表は，関係法人集団に属する独立行政法人及び関係法人が準拠すべき一般に公正妥当と認められる会計基準に準拠して作成された個別財務諸表を基礎として作成されなければならない。
3　独立行政法人の会計は，連結財務諸表によって，国民その他の利害関係者に対し必要な会計情報を明瞭に表示し，関係法人集団の状況に関する判断を誤らせないようにしなければならない。（注75）
4　連結財務諸表作成のために採用した基準及び手続は，毎期継続して適用し，みだりにこれを変更してはならない。

〈注75〉重要性の原則の適用について
1　連結財務諸表を作成するに当たっては，国民その他の利害関係者の関係法人集団の状況に関する判断を誤らせないようにするため，金額的側面及び質的側面の両面からの重要性を勘案して，適切な会計処理及び表示を行わなければならない。
2　なお，連結財務諸表は，関係法人集団の財政状態及び運営状況を国民その他の利害関係者に総合的に報告するために作成するものであることから，その判断を誤らせない限り，連結の範囲，特定関連会社の決算日が連結決算日と異なる場合の仮決算の手続，連結のための個別財務諸表の修正，特定関連会社の資産及び負債の評価，未実現利益の消去，連結財務諸表の表示等に関して重要性の乏しいものについては，本来の会計処理によらないで合理的な範囲で他の簡便な方法によることも認められる。

国立大学法人会計基準 「第90　連結財務諸表一般原則」
1　連結財務諸表は，関係法人集団の財政状態及び運営状況に関して真実な報告を提供するものでなければならない。
2　連結財務諸表は，関係法人集団に属する国立大学法人等及び関係法人が準拠すべき一般に公正妥当と認められる会計基準に準拠して作成された個別財務諸表を基礎として作成されなければならない。
3　国立大学法人等の会計は，連結財務諸表によって，国民その他の利害関係者に対し必要な会計情報を明瞭に表示し，関係法人集団の状況に関する判断を誤らせないようにしなければならない。（注60）
4　連結財務諸表作成のために採用した基準及び手続は，毎期継続して適用し，みだりにこれを変更してはならない。

〈注60〉重要性の原則の適用について
1　連結財務諸表を作成するに当たっては，国民その他の利害関係者の関係法人集団の状況に関する判断を誤らせないようにするため，金額的側面及び質的側面の両面からの重要性を勘案して，適切な会計処理及び表示を行わなければならない。
2　なお，連結財務諸表は，関係法人集団の財政状態及び運営状況を国民その他の利害関係者に総合的に報告するために作成するものであることから，その判断を誤らせない限り，連結の範囲，特定関連会社の決算日が連結決算日と異なる場合の仮決算の手続，連結のた

> めの個別財務諸表の修正，特定関連会社の資産及び負債の評価，未実現利益の消去，連結財務諸表の表示等に関して重要性の乏しいものについては，本来の会計処理によらないで合理的な範囲で他の簡便な方法によることも認められる。

　独立行政法人会計基準第100及び国立大学法人会計基準第90では連結財務諸表作成の一般原則を規定しており，内容は同じものとなっています。
　第1項は"真実性の原則"と呼ばれます。
　連結財務諸表は関係法人集団の財政状態及び運営状況に関して真実な報告を提供しなければなりません。この「真実な報告」とは，法人がそれぞれ独立行政法人会計基準または国立大学法人会計基準を遵守して作成することを意味しています。
　第2項は"個別財務諸表基準性の原則"と呼ばれます。
　連結財務諸表は一般に公正妥当と認められる個別財務諸表を基礎として作成することが求められているため，仮に特定関連会社等において不適切な会計処理が行われている場合には，連結手続において適正な修正を行うことが必要となります。
　第3項は"明瞭性の原則"と呼ばれます。
　法人の財務諸表の開示にあたり表示に関する規則を遵守するのは当然ですが，あまりに詳細に記載しすぎることもかえって明瞭性を損なうことがあります。明瞭かつ十分な開示を行うことが必要です。
　第4項は"継続性の原則"と呼ばれます。
　独立行政法人等においては，その公共性から開示に関する比較可能性の確保が重要であり，会計処理についての原則及び手続に選択の余地が少ないものの，いくつかの原則及び手続において複数の処理が認められています。しかし，この原則及び手続をみだりに変更することは利益操作の可能性が生じるとともに，会計情報の比較可能性を損なうことになります。したがって，正当な理由がない場合，会計処理の原則・手続を変更することができません。
　また，独立行政法人会計基準注解75及び国立大学法人会計基準注解60において，"重要性の原則"と呼ばれる原則の適用を補足しています。
　重要性の原則とは，利害関係者の判断を誤らせないようにするため，金額的側面及び質的側面からの重要性を勘案して，適切な会計処理及び表示を行うことを要請する原則です。詳細すぎる情報はかえって利害関係者の判断を難しくし，むしろ誤らせる可能性が生じるため，金額的・質的に重要でない処理・表示に関しては簡潔明瞭なものにすることを要求しています。
　なお，連結財務諸表は法人集団の財政状態及び運営状況を総合的に報告するものであり，個別財務諸表における会計処理ほど厳格な扱いでなく，仮決算の手続等簡便的な方法が例示されています。

独立行政法人Q&A

Q100-1 「注解75 重要性の原則の適用について」により，連結財務諸表を作成するに当たっては重要性の原則の適用があることを示しているが，連結の範囲，連結のための個別財務諸表の修正，特定関連会社の資産及び負債の評価，未実現利益の消去，連結財務諸表の表示等に関する重要性の具体的な判断基準はどのようなものか。

A 重要性の原則が適用されるのは，連結財務諸表の利用者の判断を誤らせることがない程度であれば，ある程度簡便な方法で作成することができることを示すものであり，一律に具体的な数値を用いて判断基準を制定することはできない。例えば連結対象会社が多数存在する場合においては，連結対象会社間の少額の取引までを全て相殺することは困難であり，そのような場合に重要性の原則を用いて処理することになる。重要性の原則は，関係法人集団の財政状態，運営状況及び公的資金の使用状況等に関する合理的な判断を妨げないかどうかという観点から，各法人の状況に応じて適切に適用されるべきである。

国立大学法人Q&A

Q90-1 「注解60 重要性の原則の適用について」により，連結財務諸表を作成するに当たっては重要性の原則の適用があることを示しているが，連結の範囲，連結のための個別財務諸表の修正，特定関連会社の資産及び負債の評価，未実現利益の消去，連結財務諸表の表示等に関する重要性の具体的な判断基準はどのようなものか。

A 重要性の原則が適用されるのは，連結財務諸表の利用者の判断を誤らせることがない程度であれば，ある程度簡便な方法で作成することができることを示すものであり，一律に具体的な数値を用いて判断基準を制定することはできない。例えば連結対象会社が多数存在する場合においては，連結対象会社間の少額の取引までを全て相殺することは困難であり，そのような場合に重要性の原則を用いて処理することになる。重要性の原則は，関係法人集団の財政状態，運営状況及び公的資金の使用状況等に関する合理的な判断を妨げないかどうかという観点から，各法人の状況に応じて適切に適用されるべきである。

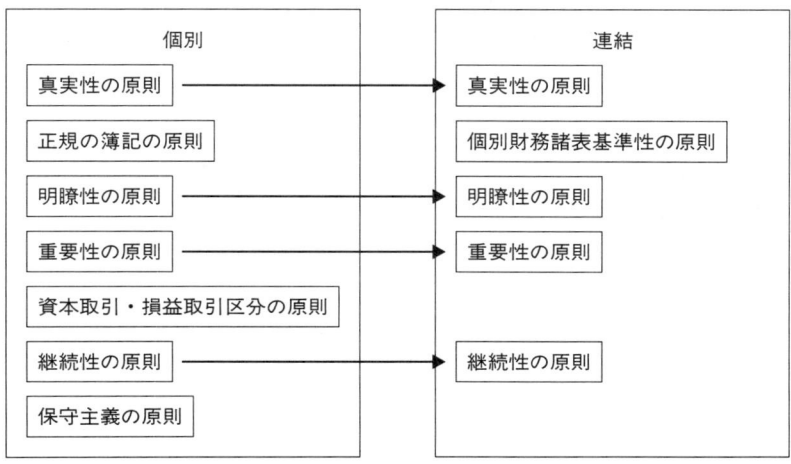

【図2-2】連結財務諸表一般原則

この"重要性"の具体的な基準についてですが，財務諸表作成の主体が利害関係者の立

場から重要かどうかを判断し，自らの責任においてその会計処理及び表示を行うものであり，一定額・一定率として示されるものではありません。各法人において行う事業によっても質的重要性は違うでしょうし，規模によって金額的重要性が違うでしょう。

各法人においてその程度を適切に見極めることが大切です。

(2) 連結の範囲

【図2-3】連結の範囲

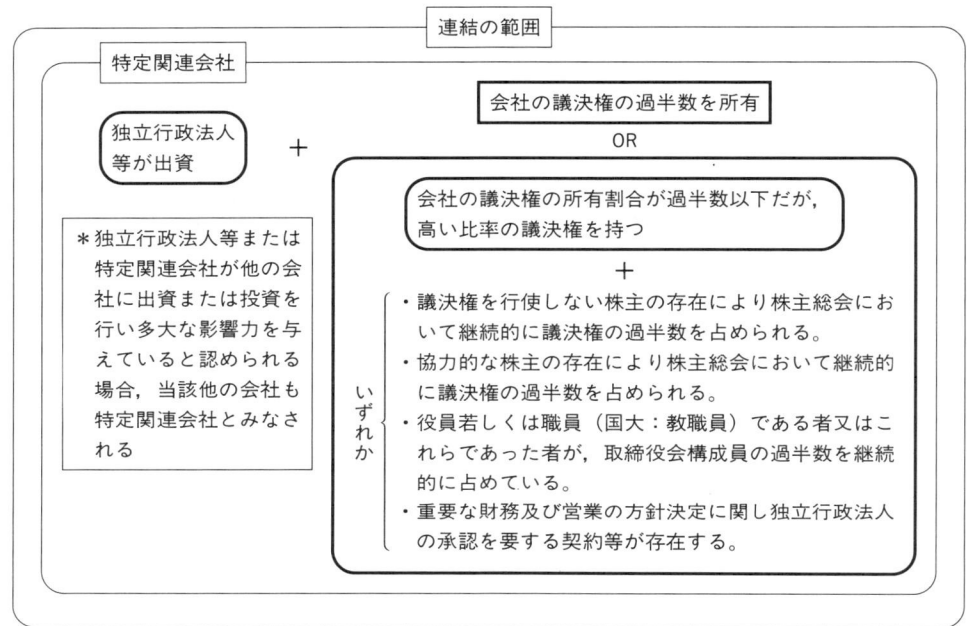

独立行政法人会計基準 「第101 連結の範囲」

1　独立行政法人は，原則としてすべての特定関連会社を連結の範囲に含めなければならない。(注76)
2　特定関連会社とは，独立行政法人が政策目的のため法令等で定められた業務として出資する会社であって，次のいずれかに該当する場合には，当該会社は特定関連会社に該当するものとする。
(1) 会社の議決権の過半数を所有しているという事実が認められる場合
(2) 会社に対する議決権の所有割合が百分の五十以下であっても，高い比率の議決権を保有している場合であって，次のような事実が認められる場合
　ア　議決権を行使しない株主が存在することにより，株主総会において議決権の過半数を継続的に占めることができると認められる場合
　イ　役員，関連会社等の協力的な株主の存在により，株主総会において議決権の過半数を継続的に占めることができると認められる場合
　ウ　役員若しくは職員である者又はこれらであった者が，取締役会の構成員の過半数を継続的に占めている場合
　エ　重要な財務及び営業の方針決定に関し独立行政法人の承認を要する契約等が存在す

> 　　　る場合
> 3　独立行政法人及び特定関連会社が，他の会社に出資又は投資を行い，多大な影響力を与えていると認められる場合における当該他の会社も，また，特定関連会社とみなすものとする。
> 4　独立行政法人が，会社の議決権の過半数を所有する場合であっても，当該議決権が，独立行政法人（独立行政法人の設立等に際し，その権利義務を承継した特殊法人等を含む。）の出資によるものでなく，かつ，特定の債務の償還財源に充てるため計画的に売却することが明らかである場合には，当該会社は連結の範囲に含めないものとする。

> **〈注76〉連結の範囲からの除外について**
> 　特定関連会社であって，その資産，収益等を考慮して，連結の範囲から除いても関係法人集団の財政状態，運営状況及び公的資金の使用状況等に関する合理的な判断を妨げない程度に重要性が乏しいものは，連結の範囲に含めないことができる。

> **国立大学法人会計基準　「第91　連結の範囲」**
> 1　国立大学法人等は，原則としてすべての特定関連会社を連結の範囲に含めなければならない。（注61）
> 2　特定関連会社とは，国立大学法人等が出資する会社であって，次のいずれかに該当する場合には，当該会社は特定関連会社に該当するものとする。
> 　(1)　会社の議決権の過半数を所有しているという事実が認められる場合
> 　(2)　会社に対する議決権の所有割合が百分の五十以下であっても，高い比率の議決権を保有している場合であって，次のような事実が認められる場合
> 　　ア　議決権を行使しない株主が存在することより，株主総会において議決権の過半数を継続的に占めることができると認められる場合
> 　　イ　役員，関連会社等の協力的な株主の存在により，株主総会において議決権の過半数を継続的に占めることができると認められる場合
> 　　ウ　役員若しくは教職員である者又はこれらであった者が，取締役会の構成員の過半数を継続的に占めている場合
> 　　エ　重要な財務及び営業の方針決定に関し国立大学法人等の承認を要する契約等が存在する場合
> 3　国立大学法人等及び特定関連会社が，他の会社に出資又は投資を行い，多大な影響力を与えていると認められる場合における当該他の会社も，また，特定関連会社とみなすものとする。

> **〈注61〉連結の範囲からの除外について**
> 　特定関連会社であって，その資産，収益等を考慮して，連結の範囲から除いても関係法人集団の財政状態，運営状況及び公的資金の使用状況等に関する合理的な判断を妨げない程度に重要性が乏しいものは，連結の範囲に含めないことができる。

　第1章でも述べたように，連結財務諸表提出法人は原則として全ての特定関連会社を連結する必要があります。その際に，対象となる法人の条件は，出資・人事・資金・技術・取引等の関係から以下のように定めています。

① 会社の議決権の過半数を所有している場合
② 議決権の所有が高い比率で，かつ以下の要件に該当する場合
　ア　議決権を行使しない株主の存在により，結果的に議決権の過半数を継続的に所有
　イ　役員等の協力的な株主の存在により，結果的に議決権の過半数を継続的に所有
　ウ　役職員等である（あった）者が取締役会の構成員の過半数を継続して占めている
　エ　重要な財務・営業等の方針に独立行政法人等の承認を要する契約が存在

　さらに，独立行政法人等及び独立行政法人等の特定関連会社の両方が，他の会社に出資又は投資を行い，多大な影響力を与えられると認められる場合における当該他の会社も，また，特定関連会社とみなします。
　これは，企業会計上間接所有といわれ，資本連結の会計処理について，実務指針で詳細に決められています。当該会計処理については，本章第2項「出資と資本の相殺消去」の部分で解説しますのでご参照ください。
　独立行政法人の，連結の範囲については，公会計委員会報告第4号「独立行政法人における連結財務諸表監査」（平成16年2月17日）において，独立行政法人の特定関連会社の範囲の決定については，企業会計における監査委員会報告第60号「連結財務諸表における子会社及び関連会社の範囲の決定に関する監査上の取扱い」により判断することが明示されています。国立大学法人等については，まだ公認会計士協会からの解釈がなされていないので，連結の範囲については，今後の動向を見守る必要があります。
　ここでは，独立行政法人の連結の範囲について，企業会計における監査委員会報告第60号「連結財務諸表における子会社及び関連会社の範囲の決定に関する監査上の取扱い」により判断することとなりますので，その概要について説明していきます。

① 子会社の範囲について

　企業会計では，「親会社」とは，他の会社等（会社，組合その他これらに準ずる事業体（外国におけるこれらに相当するものを含む。）をいう。以下同じ。）の財務及び営業又は事業の方針を決定する機関（株主総会その他これに準ずる機関をいう。以下「意思決定機関」という。）を支配している会社をいい，「子会社」とは，当該他の会社等をいいます。
　親会社及び子会社又は子会社が，他の会社等の意思決定機関を支配している場合における当該他の会社等も，その親会社の子会社とみなします。
　では，他の会社等の意思決定機関を支配している会社とは，どのような会社をいうのでしょうか。
　企業会計においては，以下のような会社であることが具体的に規定されています。

一　他の会社等の議決権の過半数を自己の計算において所有している会社

　次の算式によって，他の会社等の議決権の所有割合を算定します。

議決権の所有割合＝所有する議決権の数／行使し得る議決権の総数

　この算定に当たっては，事業年度末における所有株式に基づく株主総会での議決権の数によることに留意する必要があります。

　分母の行使し得るものと認められている総数とは，株主の議決権の数のことです。したがって，議決権のない自己株式等は，行使し得る議決権の総数には含まれませんので留意する必要があります。

　また，分子の所有する議決権の数については，行使し得る議決権の総数のうち会社及び子会社の所有する議決権の数です。

　ここで，議決権のある株式又は出資の所有の名義が役員等会社以外の者になっていても，議決権のある株式又は出資の所有のための資金関係，当該株式又は出資に係る配当その他の損益の帰属関係を検討し，財務諸表提出会社が自己の計算において所有しているか否かについての判断を行う必要があります。

【図2－4】支配している会社（その一）
《他の会社の意思決定機関を支配している会社とは》

A法人　→　B法人の議決権の75％　→　B法人

一　他の会社等の議決権の過半数を自己の計算において所有している会社

二　他の会社等の議決権の百分の四十以上，百分の五十以下を自己の計算において所有している会社であって，かつ，次に掲げるいずれかの要件に該当する会社
　イ　自己の計算において所有している議決権と自己と出資，人事，資金，技術，取引等において緊密な関係があることにより自己の意思と同一の内容の議決権を行使すると認められる者（以下「緊密な者」という。）及び自己の意思と同一の内容の議決権を行使することに同意している者（以下「同意している者」という。）が所有している議決権とを合わせて，他の会社等の議決権の過半数を占めていること。
　ロ　役員若しくは使用人である者，又はこれらであった者で自己が他の会社等の財務及び営業又は事業の方針の決定に関して影響を与えることができる者が，当該他の会社等の取締役会その他これに準ずる機関の構成員の過半数を占めていること。
　ハ　他の会社等の重要な財務及び営業又は事業の方針の決定を支配する契約等が存在すること。

ニ　他の会社等の資金調達額（貸借対照表の負債の部に計上されているものに限る。）の総額の過半について融資（債務の保証及び担保の提供を含む。）を行っていること（自己と出資，人事，資金，技術，取引等において緊密な関係のある者が行う融資を合わせて資金調達額の総額の過半となる場合を含む。）。

ホ　その他他の会社等の意思決定機関を支配していることが推測される事実が存在すること。

イにおける議決権所有割合は，以下の算式によって判断されます。

　　議決権の所有割合＝（所有する議決権の数＋緊密なもの及び同意する者が所有する議決権の数）／行使し得る議決権の総数

一と同様に，この算定に当たっては，事業年度末における所有株式に基づく株主総会での議決権の数によることになります。

【図2－5】支配している会社（その二）

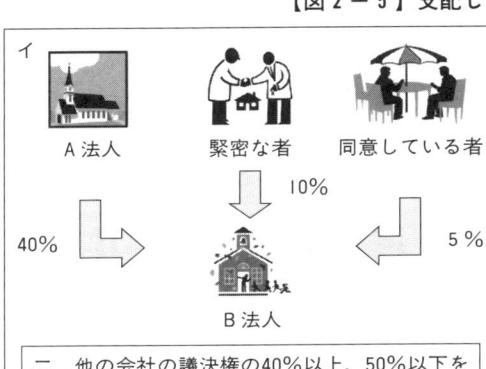

イ

A法人　緊密な者　同意している者
40%　　　10%　　　5%
→　B法人　←

ニ　他の会社の議決権の40％以上，50％以下を自己の計算において所有かつ
(イ)　緊密な者と同意している者が所有している議決権とを合わせて，他の会社等の議決権の過半数を占めていること

ロ

B法人取締役会
A法人使用人
A法人役員

ニ　他の会社の議決権の40％以上，50％以下を自己の計算において所有かつ
(ロ)　役員若しくは使用人であるもの，又はこれらであった者で自己が他の会社等の財務及び営業又は事業の方針の決定に関して影響を与えることができる者が他の会社の取締役会その他これに準ずる機関の構成員の過半数を占めていること

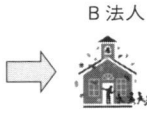

ハ

A法人　→　B法人

1）原材料の供給・製品の販売に係る包括的契約，一手販売・一手仕入契約等により，当該他の会社にとっての事業依存度が著しく大きい場合
2）営業地域の制限を伴うフランチャイズ契約，ライセンス契約等により，当該他の会社が著しく事業上の拘束を受ける場合
3）技術援助契約等について，当該契約の終了により，当該他の会社の事業の継続に重要な影響を及ぼすこととなる場合

ニ　他の会社の議決権の40％以上，50％以下を自己の計算において所有かつ
(ハ)　他の会社等の重要な財務及び営業又は事業方針の決定を支配する契約等が存在すること

ニ

A法人　B法人の議決権の45％　→　B法人

負債　400
（うちA法人からの借入金…300）

ニ　他の会社の議決権の40％以上，50％以下を自己の計算において所有かつ
(ニ)　他の会社等の資金調達額の総額の過半について融資を行っていること

なお緊密な者，同意している者についての具体的な説明については，次の三において記述していますのでご参照下さい。

ハの他の会社等の重要な財務及び営業又は事業の方針の決定を支配する契約等が存在する場合とは，他の会社との間の契約，協定等により総合的に判断して当該他の会社の財務及び営業又は事業の方針の決定を指示し又は強制し得る力を有すると認められる場合をいいます。

ニにおいては，緊密な関係があるものの行う融資と合わせて資金調達額の総額の過半となる場合も該当することに留意します。

ホについては，例えば以下に掲げる事実が存在することにより，他の会社の意思決定を支配していることが推測されます。

1）当該他の会社が重要な財務及び営業又は事業の方針を決定するに当たり，財務諸表提出会社の承認を得ることとなっている場合
2）当該他の会社に多額の損失が発生し，財務諸表提出会社が当該他の会社に対し重要な経営支援を行っている場合又は重要な経営支援を行うこととしている場合

> 三　自己の計算において所有している議決権と緊密な者及び同意している者が所有している議決権とを合わせた場合（自己の計算において議決権を所有していない場合を含む。）に他の会社等の議決権の過半数を占めている会社であって，かつ上記二のロからホまでのいずれかの要件に該当する会社
> （自己の計算において所有している議決権が百分の四十未満である場合を前提）

ここで，緊密な者として，自己又は子会社について以下に掲げる者が挙げられます。
1）議決権の百分の二十以上を所有している会社等
2）役員又は役員が議決権の過半数を所有している会社等
3）役員若しくは使用人である者，又はこれらであった者で他の会社等の財務及び営業又は事業の方針の決定に関して影響を与えることができる者が，取締役会その他これに準ずる機関の構成員の過半数を占めている当該他の会社等
4）役員若しくは使用人である者，又はこれらであった者で，他の会社等の財務及び営業又は事業の方針の決定に関して影響を与えることができる者が，代表権のある役員として派遣されており，かつ，取締役会その他これに準ずる機関の構成員の相当数（過半数に満たない場合を含む。）を占めている当該他の会社等
5）資金調達額（貸借対照表の負債の部に計上されているものに限る。）の総額の過半について融資（債務保証及び担保の提供を含む。）を行っている会社等（金融機関が通常の営業取引として融資を行っている会社等を除く。）
6）技術援助契約等を締結しており，当該契約の終了により，事業の継続に重要な影響を及ぼすこととなる会社等

7）営業取引契約に関し，事業依存度が著しく大きいこと又はフランチャイズ契約等により著しく事業上の拘束を受けることとなる会社等

なお上記以外のものであっても出資，人事，資金，技術，取引等における両者の関係状況から見て，自己の意思と同一の内容の議決権を行使すると認められるものは，「緊密な者」に該当します。また自己と緊密な関係にあっても，その後，出資，人事，資金，技術，取引について，見直しが行われた結果，自己の意思と同一の内容の議決権を行使するとは認められなくなった場合には，当該事項を明らかにすることにより，「緊密な者」と取り扱わないことができます。

また，「同意している者」とは，契約，合意等により，役員の選任，定款の変更等会社の重要事項を議決するにあたって，自己の意思と同一内容の議決権を行使することに同意していると認められる者をいいます。

なお，上記の場合であっても，事業上の関係から，他の会社等の意思決定機関を支配していないことが明らかであると認められる会社は，子会社に該当することはありません。具体的には，以下の場合が考えられます。
① 他の株主によって，議決権の過半数が所有されている場合
② 共同支配の実態にある合弁会社である場合
③ 子会社が緊密な者の一業務部門を実質的に担っており緊密な者と一体であることが明らかなとき

また，他の会社等が，会社更生法の規定による更生手続開始の決定を受けた会社，民事再生法の規定による再生手続開始の決定を受けた会社，商法の規定による整理開始の命令を受けた会社，破産法の規定による破産宣告を受けた会社その他これらに準ずる会社等であって，かつ，有効な支配従属関係が存在しないと認められる会社等である場合には，子会社に該当しません。

一方，清算会社，特別清算会社等のように，継続企業と認められない会社であっても，その意思決定機関を支配していると認められる場合には，子会社に該当し，原則として連結の範囲に含められることとなります。

連結の範囲に想定される組織体として，会社のほか，組合または会社に準ずる事業体が含まれ，具体的には，特定目的会社，投資法人，中小企業等投資事業有限責任組合等が考えられます。

以上が企業会計における連結の範囲の決定の考え方でありますが，基本的に，独立行政法人についても，連結の範囲については，以上に掲げた事項を加味して，特定関連会社の範囲の決定を行う必要があります。

また，独立行政法人会計基準第101には，国立大学法人会計基準第91にはない，第4項があります。これは，独立行政法人が，会社の議決権の過半数を所有する場合であっても，当該議決権が，独立行政法人（独立行政法人の設立に際し，その権利義務を承継した特殊法人等を含む）の出資によるものではなく，かつ，特定の債務の償還財源に充てるため計画的に売却することが明らかである場合には，当該会社は連結の範囲に含めないものとするもので，国立大学法人等では想定されないため削除されていると思われます。

独立行政法人Q＆A

Q101－1　特定関連会社がなく，関連会社がある場合連結財務諸表を作成する必要はあるか。

A 1　企業会計では，財務諸表等規則第8条の9において，連結財務諸表を作成していない会社にあっては持分法損益等の注記を行う旨の規定があるように，連結子会社がなく，関連会社のみがある場合には連結財務諸表を作成する必要はない。独立行政法人においても特定関連会社がない場合には，連結財務諸表を作成しないことができると考えられる。ただしその場合においては，同規定を踏まえ，持分法損益等の注記を行うことが必要である。

 2　注記の内容としては「個別財務諸表における関連会社に持分法を適用した場合の投資損益等の注記に関する監査上の取扱い（監査委員会報告第58号）」を準用し，(1)関連会社に対する投資の金額，(2)持分法を適用した場合の投資の金額，及び(3)持分法を適用した場合の投資利益（又は投資損失）の金額を記載する。

国立大学法人Q＆A

Q91－1　特定関連会社がなく関連会社がある場合，連結財務諸表を作成する必要はあるか。

A 1　企業会計では，財務諸表等規則第8条の9において，連結財務諸表を作成していない会社にあっては持分法損益等の注記を行う旨の規定があるように，連結子会社がなく，関連会社のみがある場合には連結財務諸表を作成する必要はない。国立大学法人等においても特定関連会社がない場合には，連結財務諸表を作成しないことができると考えられる。ただしその場合においては，同規定を踏まえ，持分法損益等の注記を行うことが必要である。

 2　注記の内容としては「個別財務諸表における関連会社に持分法を適用した場合の投資損益等の注記に関する監査上の取扱い（監査委員会報告第58号）」を準用し，(1)関連会社に対する投資の金額，(2)持分法を適用した場合の投資の金額，及び(3)持分法を適用した場合の投資利益（又は投資損失）の金額を記載する。

特定関連会社がなく関連会社がある場合は，連結財務諸表を作成する必要はありません。これは企業会計における扱いを準用しているものですが，特定関連会社も関連会社もある場合には，関連会社については原則として持分法を適用することとの整合から，持分法を適用した場合における注記を記載するものとされています。

【図2－6】持分法注記例

(単位：千円)

関連会社に対する投資の金額	700
持分法を適用した場合の投資の金額	1,400
持分法を適用した場合の投資利益の金額	150

独立行政法人Q＆A

Q101－2　特定関連会社がなく，関連公益法人が該当ある場合，会計基準第122による開示は不要となると理解してよいか。

A　注解83において，公的な会計主体である独立行政法人は関連公益法人等との関係を開示し説明する責任を有していると規定している。このため特定関連会社がなく連結財務諸表を作成していない場合には，個別財務諸表の附属明細書として開示することが求められる。

国立大学法人Q＆A

Q91－2　特定関連会社がなく，関連公益法人が該当ある場合，基準第111による開示は不要となると理解してよいか。

A　注解68において，公的な会計主体である国立大学法人等は関連公益法人等との関係を開示し説明する責任を有していると規定している。このため特定関連会社がなく連結財務諸表を作成していない場合には，個別財務諸表の附属明細書として開示することが求められる。

特定関連会社がなく関連公益法人がある場合は，当然に連結財務諸表を作成する必要はありませんが，特定関連会社も関連公益法人もある場合における関連公益法人と独立行政法人等の関係等を連結財務諸表の附属明細書で記載することにおける整合から，個別財務諸表の附属明細書として開示することとなります。

独立行政法人Q＆A

Q101－3　連結の範囲及び持分法の適用範囲の重要性の判定基準はあるのか。例えば資産に占める割合を勘案する場合，特定関連会社に出資している勘定毎にその勘定の総資産額等により判断するのか，法人全体の総資産等により判断するのか。

A　企業会計では，「連結の範囲及び持分法の適用範囲に関する重要性の原則の適用に係る監査上の取扱い（監査委員会報告第52号）」において，資産基準，売上高基準，利益基準及び剰余金基準によって連結の範囲及び持分法の適用範囲を判断することが規定されている。独立行政法人においても同規程を適用することが合理的であると考えられる。

国立大学法人Q＆A

Q91－3　連結の範囲及び持分法の適用範囲の重要性の判定基準はあるのか。例えば資産に占める割合を勘案する場合，特定関連会社に出資している勘定毎にその勘定の総資産額等により判断するのか，法人全体の総資産等により判断するのか。

> A　企業会計では，「連結の範囲及び持分法の適用範囲に関する重要性の原則の適用に係る監査上の取扱い（監査委員会報告第52号）」において，資産基準，売上高基準，利益基準及び剰余金基準によって連結の範囲及び持分法の適用範囲を判断することが規定されている。国立大学法人等においても同規程を適用することが合理的である。

独立行政法人Q＆A
Q101－4　連結財務諸表における特定関連会社および関連会社の範囲の決定基準はあるのか。
A　会計基準第101にある通り，連結財務諸表はすべての特定関連会社を連結の範囲に含めることが原則である。しかし，会計基準101第4項の場合や，注解76の重要性が乏しい場合には連結の範囲から除外することが可能である。関連会社の持分法適用基準も同様である。

国立大学法人Q＆A
Q91－4　連結財務諸表における特定関連会社および関連会社の範囲の決定基準はあるのか。
A　基準第91にある通り，連結財務諸表はすべての特定関連会社を連結の範囲に含めることが原則である。しかし，注解61の重要性が乏しい場合には連結の範囲から除外することが可能である。関連会社の持分法適用基準も同様である。

　連結の範囲及び持分法の適用範囲における重要性の判定基準（金額的側面）に関しては，独立行政法人等の独自の会計基準ではなく，企業会計の会計基準である，監査委員会報告第52号「連結の範囲及び持分法の適用範囲に関する重要性の原則の適用に係る監査上の取扱い」によることとなります。
　具体的には，①資産②売上高③利益④剰余金を基準とし，連結の範囲に関しては①～④について，持分法に関しては③～④について，連結の範囲から除外した場合における割合

【図2－7】連結の範囲における重要性

資産基準	$\dfrac{\text{非連結子会社の総資産額の合計額}}{\text{連結財務諸表提出会社の総資産額及び連結子会社の総資産額の合計額}}$
売上高基準	$\dfrac{\text{非連結子会社の売上高の合計額}}{\text{連結財務諸表提出会社の売上高及び連結子会社の売上高の合計額}}$
利益基準	$\dfrac{\text{非連結子会社の当期純損益の額のうち持分に見合う額の合計額}}{\text{連結財務諸表提出会社の当期純損益の額及び連結子会社の当期純損益の額のうち持分に見合う額の合計額}}$
剰余金基準	$\dfrac{\text{非連結子会社の剰余金の額のうち持分に見合う額の合計額}}{\text{連結財務諸表提出会社の剰余金の額及び連結子会社の剰余金の額のうち持分に見合う額の合計額}}$

全てにおいて重要性がないと認められる場合，連結から除外することも可能

を判定することとなります。

> **独立行政法人Q＆A**
> Q101-5　会計基準「第101連結の範囲」第4項で「独立行政法人が，会社の議決権の過半数を所有する場合であっても，当該議決権が，独立行政法人の出資によるものではなく」とは，どのようなケースを指すのか。またこの取扱いから連結の範囲から除外される場合に持分法の適用範囲に含めないと理解してよいか。
> A1　独立行政法人化が予定されている特殊法人等では，日本鉄道建設公団が保有するJR会社株式が想定される。JR会社株式は，「日本国有鉄道改革法」（昭和61年法律第87号）の規定により日本鉄道建設公団（日本国有鉄道精算事業団）が承継したものであり，特殊法人等の出資によるものでなく，かつ，同公団が承継した旧日本国有鉄道の債務の償還財源に充てられることとされている。
> 　2　このような出資に係る権利は，投資先に対する経営権はないと想定されるため，連結の範囲から除外したものである。その場合には当然に持分法の適用も除外となる。

　この基準（Q＆A）は独立行政法人のみで，国立大学法人等にはない基準です。基本的に議決権の過半数を所有している会社等は特定関連会社として連結の範囲に含めることとなりますが，今後独立行政法人化が予定されている特殊法人等においては，すでに取得している出資等について投資先に対する経営権行使目的でないことがありえます。（日本鉄道建設公団が保有するJR会社株式等）
　この場合は連結の範囲には含まれず，当然に持分法の適用も除外となります。

> **企業会計参考資料**
> ・監査委員会報告第52号　「連結の範囲及び持分法の適用範囲に関する重要性の原則の適用に係る監査上の取扱い」
> ・監査委員会報告第60号　「連結財務諸表における子会社及び関連会社の範囲の決定に関する監査上の取扱い」
> ・「連結財務諸表における子会社等の範囲の決定に関するQ＆A」

(3)　連結決算日

> **独立行政法人会計基準　「第102　連結決算日」**
> 1　連結財務諸表の作成に関する期間は一年とし，独立行政法人の会計期間に基づき，毎年3月31日をもって連結決算日とする。
> 2　特定関連会社の決算日が連結決算日と異なる場合には，特定関連会社は，連結決算日に正規の決算に準ずる合理的な手続により決算を行わなければならない。（注77）

> **〈注77〉決算日に差異がある場合の取扱いについて**
> 　決算日の差異が3か月を超えない場合には，特定関連会社の正規の決算を基礎として，連結決算を行うことができる。ただし，この場合には，決算日が異なることから生ずる独立行政法人及び連結される特定関連会社間の取引に係る会計記録の重要な不一致について，必要

な整理を行うものとする。

国立大学法人会計基準 「第92 連結決算日」
1 連結財務諸表の作成に関する期間は一年とし，国立大学法人等の会計期間に基づき，毎年3月31日をもって連結決算日とする。
2 特定関連会社の決算日が連結決算日と異なる場合には，特定関連会社は，連結決算日に正規の決算に準ずる合理的な手続により決算を行わなければならない。（注62）

〈注62〉決算日に差異がある場合の取扱いについて
　決算日の差異が3か月を超えない場合には，特定関連会社の正規の決算を基礎として，連結決算を行うことができる。ただし，この場合には，決算日が異なることから生ずる国立大学法人等及び連結される特定関連会社間の取引に係る会計記録の重要な不一致について，必要な整理を行うものとする。

　連結財務諸表の作成は1年毎行い，連結財務諸表提出法人の決算にあわせて毎年3月31日が連結決算日とされています。

　特定関連会社の決算日が連結決算日と異なる場合には，原則として特定関連会社で正規の決算に準ずる手続を行った上で連結することとされていますが，その差異が3ヶ月を超えない場合には例外的に異なる時点の決算の数字を使うことができます。ただし，その期間に連結財務諸表上重要な差異が生じている場合（巨額の売上が計上された，巨額の損失が発生した等）には，その重要な不一致について調整することが必要です。

【図2－8】決算日の差異

A法人の会計期間 （連結財務諸表提出会社）	×1年4月1日 ～ ×2年3月31日（連結決算日）、連結会計期間
B法人の会計期間	決算期のズレが3ヶ月以内 → 決算の数字使用可　×1年1月1日 ～ ×1年12月31日
C法人の会計期間	決算期のズレが3ヶ月以上 → 仮決算が必要　×2年8月1日 ～ ×2年7月31日

（連結決算日の前後3ヶ月以内）

独立行政法人Q&A
Q102-1　独立行政法人となるのが平成15年10月1日であるため，独法最初の決算は半年分となるが，半期決算を行っていない特定関連会社との連結は，どのような方法で行うのか。（注解77に規定している決算日の差異が3ヶ月を超えてしまう場合）
A　連結損益計算書は，当該期間における運営状況を示すもののため，半年決算を作成し連結することが望ましい。

　独立行政法人においては，2001年に先行独立行政法人といわれる法人が誕生し，その後徐々に独立行政法人化しています。このように設立される法人においては，半期開示制度がないため，最初の決算が1年未満となります。
　そこで，2003年（平成15年）10月1日に独立行政法人化した法人の場合においては半期決算を行って連結するなど，当該期間における運営状況を示すことができるような調整を自主的に行うことが望まれます。

(4) 会計処理の原則

独立行政法人会計基準　「第103　会計処理の原則及び手続」
1　同一環境下で行われた同一の性質の取引等について，独立行政法人及び特定関連会社が採用する会計処理の原則及び手続は，「第11章　独立行政法人固有の会計処理」に定めるものを除き，原則として独立行政法人の会計処理に統一しなければならない。（注78）
2　会計処理の原則及び手続で独立行政法人及び特定関連会社との間で特に異なるものがあるときは，その概要を注記しなければならない。

〈注78〉会計処理の統一について
1　資産の評価方法及び固定資産の減価償却の方法についても，本来統一することが望ましいが，事務処理に多大の時間と労力を要するため，統一が困難な場合には，統一をしないことができる。
2　特定関連会社に対する独立行政法人の出資が，当該特定関連会社が行う研究開発事業等に要する資金の供給として他の民間会社と共同して実施される場合であって，当該特定関連会社が，当該他の民間会社の持分法適用会社に該当するため，当該特定関連会社の会計処理が当該他の民間会社の会計処理に統一されており，独立行政法人の会計処理に統一することが困難な場合等合理的理由がある場合には，関係法人集団の財政状態及び運営状況に関する国民その他の利害関係者の判断を誤らせない限りにおいて，会計処理の統一を行わないことができる。
3　上記の場合においては，会計処理の統一が困難な理由，統一されていない会計処理の概要を注記しなければならない。

国立大学法人会計基準　「第93　会計処理の原則及び手続」
1　同一環境下で行われた同一の性質の取引等について，国立大学法人等及び特定関連会社が採用する会計処理の原則及び手続は，「第11章　国立大学法人等固有の会計処理」に定

めるものを除き，原則として国立大学法人等の会計処理に統一しなければならない。（注63）
2　会計処理の原則及び手続で国立大学法人等及び特定関連会社との間で特に異なるものがあるときは，その概要を注記しなければならない。

〈注63〉会計処理の統一について
1　資産の評価方法及び固定資産の減価償却の方法についても，本来統一することが望ましいが，事務処理に多大の時間と労力を要するため，統一が困難な場合には，統一をしないことができる。
2　特定関連会社に対する国立大学法人等の出資が，当該特定関連会社が行う研究開発事業等に要する資金の供給として他の民間会社と共同して実施される場合であって，当該特定関連会社が，当該他の民間会社の持分法適用会社に該当するため，当該特定関連会社の会計処理が当該他の民間会社の会計処理に統一されており，国立大学法人等の会計処理に統一することが困難な場合等合理的理由がある場合には，関係法人集団の財政状態及び運営状況に関する国民その他の利害関係者の判断を誤らせない限りにおいて，会計処理の統一を行わないことができる。
3　上記の場合においては，会計処理の統一が困難な理由，統一されていない会計処理の概要を注記しなければならない。

　連結財務諸表は関係法人集団としての全体の財政状態及び運営状況を報告するためのものであり，各個別財務諸表を基礎に作成されるものであるため，その会計処理は同一環境下において統一されている必要があります。1つの法人集団の中で同一環境なのに別の会計処理が行われることは整合性に欠け，利害関係者の判断を誤らせる可能性があるからです。

　しかし，特定関連法人であっても支配従属関係にあるとは限らず，支配関係にあったとしても独自に経営を行っている部分があり，業界での競争関係や慣行などを踏まえて会計処理を選択しています。そういった面で会計方針の統一を強制することが不合理である場合もあります。

　例えば，リース取引については，独立行政法人等と企業会計の間に会計基準の差異がありますが，その処理の統一まで要請されているかどうかについては，明らかにされていません。この場合それぞれの会計基準が違い，同一環境下にないものとして，異なる処理を容認できるものと考えられます。

　したがって，そのような背景を含めた"同一環境下"で行われた同一性質の取引については会計処理の統一を行うべきこととしています。

　なお，資産の評価方法，固定資産の減価償却の方法等についても，本来は統一することが望ましいが，それが困難な場合には統一をしないことができるとし，統一が困難な理由，統一されていない処理の概要を注記することとされています。

　例えば，たな卸資産及び有価証券の評価方法（先入先出法，平均法等）については，事業の種類別セグメント単位等ごとに統一，また，有形固定資産及び無形固定資産の減価償

却の方法（定額法，定率法等）については，事業の種類別セグメント単位等に属する資産の種類ごとに統一することが望ましいものとなりますが，事務処理の経済性等を考慮し，統一を行わないことも容認しています。

企業会計参考資料
- 監査委員会報告第56号「親子会社間の会計処理の統一に関する当面の監査上の取扱い」
- 「親子会社間の会計処理の統一に関する当面の監査上の取扱い」に関するQ＆A

【図2－9】会計処理不統一に関する注記例

（会計処理の不統一について）

統一されていない会計処理の概要	困難な理由
固定資産の減価償却方法 国立大学A…定額法 特定関連会社B…定率法	事務処理の煩雑性のため

(5) 連結財務諸表の体系

独立行政法人会計基準　「第104　連結財務諸表の体系」
　独立行政法人の連結財務諸表は，次のとおりとする。
　(1)　連結貸借対照表
　(2)　連結損益計算書
　(3)　連結キャッシュ・フロー計算書
　(4)　連結剰余金計算書
　(5)　連結附属明細書

国立大学法人会計基準　「第94　連結財務諸表の体系」
　国立大学法人等の連結財務諸表は，次のとおりとする。
　(1)　連結貸借対照表
　(2)　連結損益計算書
　(3)　連結キャッシュ・フロー計算書
　(4)　連結剰余金計算書
　(5)　連結附属明細書

　独立行政法人等が作成する連結財務諸表は上記5つとされています。連結附属明細書は連結貸借対照表，連結損益計算書などそれぞれの連結財務諸表をより詳細に説明するためのものであり，その公共性から利害関係者に詳しい情報を開示するために作成されています。

(6) 区分経理について

　独立行政法人における区分経理に関しては，後述第3章で説明していますので参照ください。

第2節　連結貸借対照表作成基準

(1) 基本原則・評価

> **独立行政法人会計基準　「第106　連結貸借対照表作成の基本原則」**
> 連結貸借対照表は，独立行政法人及び特定関連会社の個別貸借対照表における資産，負債及び資本の金額を基礎とし，特定関連会社の資産及び負債の評価，独立行政法人及び連結される特定関連会社（以下「連結法人」という。）相互間の出資と資本及び債権と債務の相殺消去等の処理を行って作成する。

> **国立大学法人会計基準　「第95　連結貸借対照表作成の基本原則」**
> 連結貸借対照表は，国立大学法人等及び特定関連会社の個別貸借対照表における資産，負債及び資本の金額を基礎とし，特定関連会社の資産及び負債の評価，国立大学法人等及び連結される特定関連会社（以下「連結法人」という。）相互間の出資と資本及び債権と債務の相殺消去等の処理を行って作成する。

連結貸借対照表の作成のイメージを図にすると以下のように表現できます。

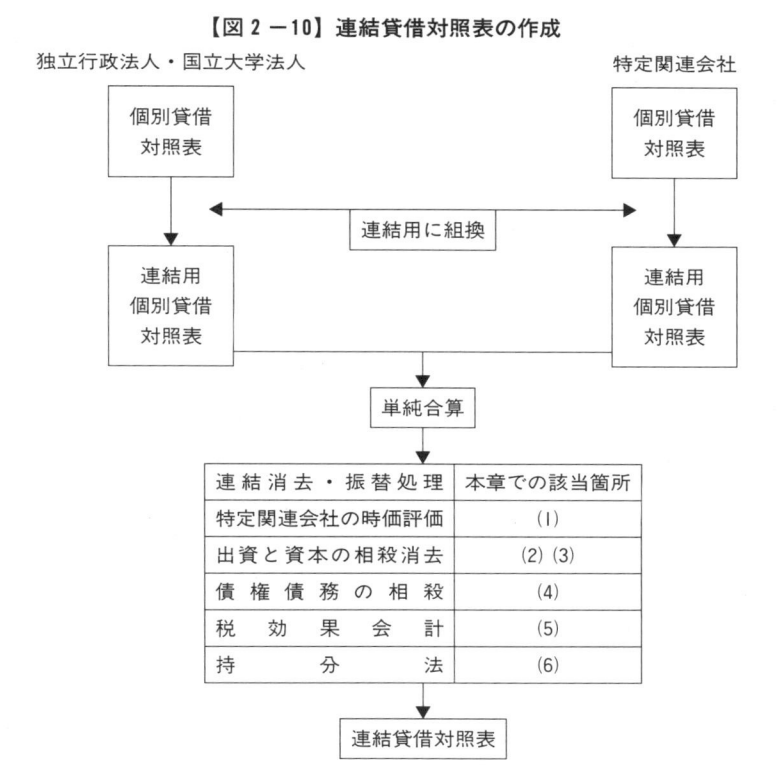

【図2−10】連結貸借対照表の作成

独立行政法人・国立大学法人　　　　　　　　　　特定関連会社

個別貸借対照表　　←　連結用に組換　→　　個別貸借対照表

　　　↓　　　　　　　　　　　　　　　　　　↓

連結用個別貸借対照表　　　　　　　　　　連結用個別貸借対照表

　　　　　　　　　　　　↓
　　　　　　　　　　単純合算
　　　　　　　　　　　　↓

連結消去・振替処理	本章での該当箇所
特定関連会社の時価評価	(1)
出資と資本の相殺消去	(2) (3)
債権債務の相殺	(4)
税効果会計	(5)
持分法	(6)

　　　　　　　　　　　　↓
　　　　　　　　　連結貸借対照表

独立行政法人会計基準 「第107 特定関連会社の資産及び負債の評価」
1 連結貸借対照表の作成に当たっては，特定関連会社に該当することとなった日において，特定関連会社の資産及び負債のすべてを，特定関連会社に該当することとなった日の時価により評価しなければならない。（注79）
2 特定関連会社の資産及び負債の時価による評価額と当該資産及び負債の個別貸借対照表上の金額との差額は，特定関連会社の資本とする。

〈注79〉 特定関連会社に該当することとなった日が，特定関連会社の決算日以外の日である場合の取扱いについて
　特定関連会社に該当することとなった日が特定関連会社の決算日以外の日であるときは，当該日の前後いずれか近い決算日において特定関連会社に該当することとなったものとみなして処理することができる。

国立大学法人会計基準 「第96 特定関連会社の資産及び負債の評価」
1 連結貸借対照表の作成に当たっては，特定関連会社に該当することとなった日において，特定関連会社の資産及び負債のすべてを，特定関連会社に該当することとなった日の時価により評価しなければならない。（注64）
2 特定関連会社の資産及び負債の時価による評価額と当該資産及び負債の個別貸借対照表上の金額との差額は，特定関連会社の資本とする。

〈注64〉 特定関連会社に該当することとなった日が，特定関連会社の決算日以外の日である場合の取扱いについて
　特定関連会社に該当することとなった日が特定関連会社の決算日以外の日であるときは，当該目の前後いずれか近い決算日とおいて特定関連会社に該当することとなったものとみなして処理することができる。

独立行政法人Ｑ＆Ａ
Q107－1 特定関連会社に該当することになった日が特定関連会社の決算日以外の日である場合の取扱いについてはどうすべきか。
A 企業会計においては，みなし取得日として，株式の取得日の前後いずれか近い決算日に株式の取得が行われたものとして連結財務諸表の作成をすることが認められている。独立行政法人においても，原則としては特定関連会社に該当することになった日をもって連結を行うことが望まれるが，みなし取得日として株式の取得日の前後いずれか近い決算日に株式の取得が行われたものとして連結を行うことも妨げない。

国立大学法人Ｑ＆Ａ
Q96－1 特定関連会社に該当することになった日が特定関連会社の決算日以外の日である場合の取扱いについてはどうすべきか。

A　企業会計においては，みなし取得日として，株式の取得日の前後いずれか近い決算日に株式の取得が行われたものとして連結財務諸表の作成をすることが認められている。国立大学法人等においても，原則としては特定関連会社に該当することになった日をもって連結を行うことが望まれるが，みなし取得日として株式の取得日の前後いずれか近い決算日に株式の取得が行われたものとして連結を行うことも妨げない。

連結財務諸表の作成は，連結財務諸表作成法人と特定関連会社の個別財務諸表を合算し，これに連結上の修正手続を行って作成されます。

ここで，合算される子会社の財務諸表については，特定関連会社に該当することとなった日において，特定関連会社の資産及び負債を公正な評価額により評価をしなければなりません。

各連結法人の個別貸借対照表は，金融資産等一部において時価評価されているものがあるものの，取得原価主義により，取得原価で計上されています。

連結財務諸表作成に当たっては，まず特定関連会社に該当することとなった日（議決権の過半数を所有された等）における資産・負債の全てを時価評価し，個別貸借対照表との評価差額は特定関連会社の資本とします。なお，期中において議決権を取得した等，特定関連会社に該当することとなった日が特定関連会社の決算日以外の日であった場合には，その前後いずれか近いほうの決算日において該当することとなったとみなすことができます。

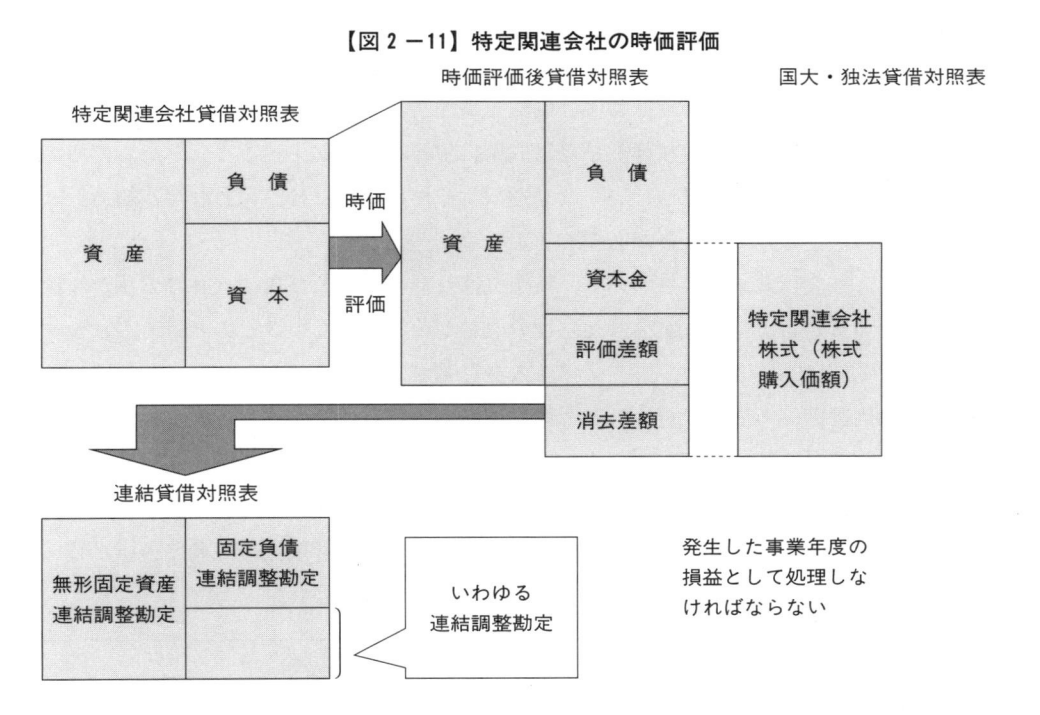

【図2－11】特定関連会社の時価評価

ここで，特定関連会社の評価における時価についての記述がありませんが，企業会計では，2つの方法が採用されています。

① 部分時価評価法

　時価評価する資産・負債の範囲を親会社の持分に相当する部分に限定する方法

② 全面時価評価法

　時価評価する資産・負債の範囲として少数株主持分に相当する部分をも含めた全てを評価する方法

　上記の方法の相違については，第1に資産の時価評価の範囲です。部分時価評価法については，子会社の資産及び負債のうち親会社持分に対応する部分について時価で評価し，少数株主持分に対応する部分については，帳簿価額で評価するのに対し，全面時価評価法は，親会社持分対応分だけでなく，少数株主持分の対応分も含めて資産・負債の全体を時価評価することとなります。したがって，時価評価のタイミングを除き，投資と資本の消去だけを考えれば，親会社分については，どちらの方法を採用しようが，相殺消去されるため違いはありませんが，少数株主持分については，部分時価評価法か全面時価評価法とでは，時価評価されるか否かの違いがあり，大きく異なる点といえます。

　第2に評価する時点が部分時価評価法では，原則として株式の取得の都度であるのに対して，全面時価評価法では，支配獲得日に一度だけ行われる点です。これは，部分時価評価法は，親会社が株式を取得した持分を重視する方法に対して，全面時価評価法は，子会社の支配を獲得した事実を重視する方法であるためです。

　しかしながら，事務上の手続きを考慮して部分時価評価法を採用している場合であっても，連結計算の結果が著しく相違しない場合には，支配獲得日における時価を基準として，評価することが出来るとしています。

　子会社の資産及び負債につき部分時価評価法を採用するか全面時価評価法を採用するかによって，連結財務諸表の財政状態及び経営成績に重要な差異が生じることとなるため，全面時価評価法か部分時価評価法のいずれを選択するかについては，親会社が連結方針としてあらかじめ決定しておくことが必要です。

　このことは，独立行政法人等において，特定関連会社の資産及び負債の評価方法が注記事項とされていることより，企業会計と同様の処理が要請されているものと考えられます。（独法会計基準　第126, (3), ウ, 国立大学法人会計基準　第115, (3), ウ）

　従って，時価評価の方法を変更することは，連結会計方針の変更として取り扱われることとなります。また，時価評価を変更する場合は，株式取得日ごとの時価に基づき評価差額を再計算するのではなく，直近の決算日現在に計上されていた評価差額を基に算定することに留意しなければなりません。全面時価評価法か部分時価評価法の両者の違いについては，次項目の「出資と資本の相殺消去」の設例を参照して下さい。

企業会計参考資料

・会計制度委員会報告第7号　「連結財務諸表における資本連結手続に関する実務指針」

【図2－12】全面時価評価法と部分時価評価法

評価方法		時価評価の範囲	少数株主持分の計算	追加取得（支配獲得後）	一部売却	
全面時価評価法		支配獲得時に子会社の資産負債につき時価評価	評価差額計上後資本に対する持分	支配獲得時点で計上された評価差額計上後資本に基づき少数株主持分より振替	売却持分と投資の減少額との差額は売却損益の修正	売却持分と増加する少数株主持分は同額
部分時価評価法	原則法	取得日毎に親会社持分相当額のみ時価評価	評価差額計上前資本に対する持分	追加取得分についてはその追加取得時点の時価評価額に基づいて，追加持分額を計上		ただし売却持分と増加する少数株主持分が異なるため，売却持分に含まれる評価差額を子会社の資産・負債と相殺
	簡便法	支配獲得時に親会社持分相当額のみ時価評価（注）				

（注）原則法をとった場合と著しく相違しない場合や過去のデータが入手困難な場合のみ認められる（適用は子会社毎）。

(2) 出資と資本の相殺消去

独立行政法人会計基準 「第108 出資と資本の相殺消去」
1 独立行政法人の特定関連会社に対する出資とこれに対応する特定関連会社の資本は，相殺消去しなければならない。
2 独立行政法人の特定関連会社に対する出資とこれに対応する特定関連会社の資本との相殺消去に当たり，差額が生ずる場合には，当該差額は発生した事業年度の損益として処理しなければならない。
3 特定関連会社相互間の投資とこれに対応する資本とは，独立行政法人の特定関連会社に対する出資とこれに対応する特定関連会社の資本との相殺消去に準じて相殺消去しなければならない。

国立大学法人会計基準 「第97 出資と資本の相殺消去」
1 国立大学法人等の特定関連会社に対する出資とこれに対応する特定関連会社の資本は，相殺消去しなければならない。
2 国立大学法人等の特定関連会社に対する出資とこれに対応する特定関連会社の資本との相殺消去に当たり，差額が生ずる場合には，当該差額は発生した事業年度の損益として処理しなければならない。
3 特定関連会社相互間の投資とこれに対応する資本とは，国立大学法人等の特定関連会社に対する出資とこれに対応する特定関連会社の資本との相殺消去に準じて相殺消去しなければならない。
---

① 出資と資本の相殺消去の概要

独立行政法人等の特定関連会社に対する出資と，これに対応する特定関連会社の資本は，単純に合算した場合，資産と資本に両建てで計上されることになるため，これを相殺消去します。また，特定関連会社相互間で投資が行われている場合も同様に相殺消去すること

になります。

　なお，独立行政法人等の特定関連会社に対する出資と，対応する特定関連会社の資本が同額でなく差額が生じる場合には，これを発生した事業年度の損益として処理します。この差額は，企業会計においては"連結調整勘定"と呼ばれ，計上してから20年以内に償却する（期間は法人が決定する）こととされていますが，独立行政法人等においては，比較可能性の確保の観点からその選択の余地がなく，単年度償却と決められたため，このような規定となっております。

　なお，独立行政法人等の関係会社に対する投資の評価は個別財務諸表上，純資産額に持分割合を乗じて算定した額が取得原価よりも下落した場合，当該算定額をもって貸借対照表価額として，また評価差額は費用として処理されていることにより当該処理の振り戻し処理が必要となることに留意が必要です。

設　例

　T社がO社（資本100，剰余金50）株式60％を300で購入した。当該日において，O社の所有する土地（簿価80）の公正な評価額は，130であった。この場合における子会社の資産及び負債の評価と連結消去・振替仕訳を示しなさい。なお，O社の資産及び負債評価は，(1)部分時価評価法による場合と(2)全面時価評価法による場合について，行うものとする。税効果については，考慮しない。

(1)　部分時価評価法による場合
　a．子会社の資産及び負債の評価（土地の含み益の認識）

```
（土地）            30／（評価替剰余金）        30
```

(130－80)×60％＝30

　b．投資と資本の消去

```
（資本金）          100／O社株式              300
（連結剰余金）       50／少数株主持分(*2)      60
（評価替剰余金）     30
（連結調整勘定）(*1) 180
```

＊1　300－(100＋50＋50（土地の含み益））×60％＝180
＊2　(100＋50)×40％＝60
（部分時価評価法のイメージ）

	60%	40%	株式持分
O社株式 300	連結調整勘定 180		
	親会社持分 30		土地の含み益
	親会社持分 90	少数株主持分 60	O社資本 150

(2) 全面時価評価法による場合

　a．子会社の資産及び負債の評価（土地の含み益の認識）

(土地)	50／(評価替剰余金)	50

130－80＝50

　b．投資と資本の消去

(資本金)	100	O社株式	300
(連結剰余金)	50	少数株主持分(＊2)	80
(評価替剰余金)	50		
(連結調整勘定)(＊1)	180		

＊1　300－(100＋50＋50（土地の含み益））×60％＝180
＊2　(100＋50＋50（土地の含み益））×40％＝80

（全面時価評価法のイメージ）

	60%	40%	株式持分
O社株式 300	連結調整勘定 180		
	親会社持分 30	少数株主持分 20	土地の含み益 50
	親会社持分 90	少数株主持分 60	O社資本 150

② 株式の間接所有に係る資本連結手続に関する処理

　a．間接所有の概要

　独立行政法人等及び独立行政法人等の特定関連会社の両方が，他の会社に出資又は投資を行い，多大な影響力を与えられると認められる場合における資本連結の処理について，独立行政法人等会計基準には，特に定められていませんが，「株式の間接所有に係る資本連結手続に関する実務指針」（会計制度委員会報告第7号追補）に基づいた処理が適用されると考えられますので，ここで，その概要について説明します。

　企業会計上，子会社又は親会社と子会社を通じて間接的に支配している会社等（以下「孫会社等」という）の資本の親会社持分額は，資本金及び資本準備金並びに子会社による株式取得日又は支配獲得日の剰余金（以下「資本金等」）と，子会社による株式取得日又は支配獲得日以降に生じた剰余金（以下「剰余金」）について，それぞれ以下のように

算定することとされています。

イ) 孫会社等の資本の親会社持分額（資本金等）
　＝孫会社等の資本金等×（孫会社等株式の親会社持株比率＋
　孫会社等株式の子会社持株比率）

ロ) 孫会社等の資本の親会社持分額（剰余金）
　＝孫会社等の剰余金×（孫会社等株式の親会社持株比率＋
　孫会社等株式の子会社持株比率×子会社株式の親会社持株比率）

上記の算式を用いて孫会社等の資本を親会社持分額と少数株主持分とに按分したうえで，前者を孫会社等に対する投資（親会社による投資と子会社による投資の合計額）と相殺し，消去差額が生じた場合には当該差額を連結調整勘定として計上するとともに，後者を少数株式持分へ振り替えることとなります。

ここで独立行政法人等の場合，連結調整勘定は，発生した事業年度の損益として一括償却されることとなります。

間接所有については，基本的に次の2通りが考えられます。

イ) 親会社であるP会社が子会社であるS社の持分を80％所有しており，その子会社が孫会社Aの持分を60％を所有している場合

〈間接所有のみ〉

```
P社 ──80%──→ S社 ──60%──→ A社
```

この場合の間接所有の場合においても連結持分額の計算には直接所有の場合と同じく持株比率を用いますが，剰余金の帰属額を示す実質持分額の計算は，持株比率の積数を用いて行うこととなります。したがって，〈間接所有のみ〉の場合，P社がS社株式を所有していることに伴う，A社の剰余金に対するP社の実質的な持株比率は48％（60％×80％）となります。この結果，A社の剰余金のうち40％（100％－60％）はA社の少数株主に帰属し，12％（60％×S社の少数株主持分20％）がS社の少数株主に帰属することとなります。

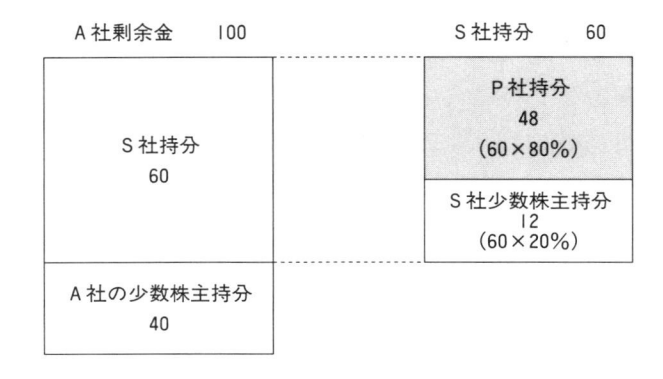

A社剰余金 100	S社持分 60
S社持分 60	P社持分 48 (60×80%)
	S社少数株主持分 12 (60×20%)
A社の少数株主持分 40	

ロ) P社がB社株式を40％直接所有するとともに，P社の子会社であるS社がB社株式

の15％を間接所有している場合
〈直接所有＋間接所有〉

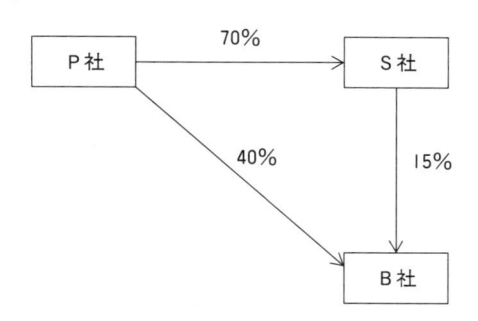

```
         70%
  P社 ───────→ S社
    ＼          │
  40% ＼        │ 15%
        ＼      ↓
         → B社
```

〈直接所有＋間接所有〉の場合，B社の剰余金に対するP社の実質的な持株比率は50.5％（40％＋15％×70％）となります。この結果，B社の剰余金のうち49.5％（100％－50.5％）が少数株主に帰属し，45％（100％－40％－15％）はB社の少数株主に帰属し，残りの4.5％（15％×S社の少数株主持分30％）がS社の少数株主に帰属することとなります。

b．複数の子会社による株式の相互持合の場合の処理

複数の子会社による株式の相互持合の場合の処理について，各子会社の資本のうち剰余金については，一方の連結持分額の変動は必ず他方の連結持分額に変動をもたらすという循環的な関係になります。

このような場合においては，上記において，示した算式で剰余金の算定等をすることが困難であり，子会社間の株式の相互持合による連結持分額の循環的な影響を収斂させるための調整を行って実質的な連結持分額を計算する必要があります。

当該ケースにおける資本連結の方法として，以下の3つの方法があります。

① 剰余金の実質的な帰属額を計算する「原則法」
② 剰余金の実質的な帰属額を計算しない「簡便法」
③ 株式の持ち合いを無視して計算する方法

では，上記の3方法について設例に基づいて，説明を行っていきます。

設　例

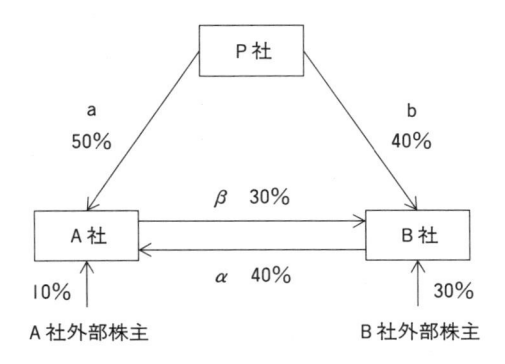

```
             P社
          ／     ＼
       a         b
      50%       40%
      ↙           ↘
    A社 ←─ β 30% ── B社
        ── α 40% ─→
     ↑              ↑
    10%            30%
  A社外部株主    B社外部株主
```

○貸借対照表項目（X1年3月31日）

	A社	B社	P社
A社株式	―	5,000	6,000
B社株式	10,000	―	15,000
資本	10,000	20,000	―
未処分利益	1,000	2,000	―

① 原則法

A社，B社の個別財務諸表に計上された剰余金をそれぞれA0，B0とすれば，それぞれに帰属する実質的な剰余金A1，B1は，A，B2社間の株式の相互持合を調整して，それぞれ以下の連立方程式によって表すことができます。

ⓐ　$A1 = A0 + B1 \times \beta$

ⓑ　$B1 = B0 + A1 \times \alpha$

この連立方程式を解くと，

ⓐ′　$A1 = A0 + B0 \times \beta / (1 - \alpha \times \beta)$

ⓑ′　$B1 = B0 + A0 \times \alpha / (1 - \alpha \times \beta)$

となり，これより，P社のA社及びB社株式取得時におけるA社，B社の剰余金に対する直接持分と間接持分（相互持合部分）とを合計した実質的な連結持分額はそれぞれ次のようになります。

ⓒ　$A1 \times a = A0 \times a / (1 - \alpha \times \beta) + B0 \times \beta \times a / (1 - \alpha \times \beta)$

ⓓ　$B1 \times b = B0 \times b / (1 - \alpha \times \beta) + A0 \times \alpha \times b / (1 - \alpha \times \beta)$

算式ⓒの右辺のうち，左側はP社がA社株式を直接所有していることに伴うA社剰余金の持分額であり，右側はA社株式の所有を通じてB社株式を間接的に所有していることに伴うB社剰余金の持分額であります。

同様に，算式ⓓの右辺の左側はP社がB社株式を直接所有していることに伴うB社剰余金の持分額であり，右側はB社株式の所有を通じてA社株式を間接的に所有していることに伴うA社剰余金の持分額であります。

このように，A社の剰余金とB社の剰余金が，それぞれ間接所有（相互持合）を通じて，さらにA社に帰属する部分とB社に帰属する部分とに分割されることとなります。これは少数株主持分額についても同様であります。

これを具体的な設例に基づいて行うと，以下のようになります。

資本金部分

	A社		B社	
	持株比率	持分額	持株比率	持分額
P社直接持分	50%	5,000	40%	8,000
A社直接持分	―	―	30%	6,000

B社直接持分	40%	4,000	—	—
外部株主直接持分	10%	1,000	30%	6,000
合　計	100%	10,000	100%	20,000

　資本の持分については，上記で説明しましたように形式的な持分によって，算定されます。

未処分利益部分

	A社		B社	
	実質持株比率	持分額	実質持株比率	持分額
P社直接持分	57%(＊1)	570 ①	46%(＊5)	920 ⑤
P社間接持分	18%(＊2)	180 ②	17%(＊6)	340 ⑥
外部株主直接持分	11%(＊3)	110 ③	34%(＊7)	680 ⑦
外部株主間接持分	14%(＊4)	140 ④	3%(＊8)	60 ⑧
合　計	100%	1,000	100%	2,000

* 1　$a/(1-\alpha\times\beta)=50\%/(100\%-40\%\times30\%)\fallingdotseq57\%$
* 2　$\alpha\times b/(1-\alpha\times\beta)=40\%\times40\%/(100\%-40\%\times30\%)\fallingdotseq18\%$
* 3　$(1-a-\alpha)/(1-\alpha\times\beta)=(100\%-50\%-40\%)/(100\%-40\%\times30\%)\fallingdotseq11\%$
* 4　$(1-b-\beta)\times\alpha/(1-\alpha\times\beta)=(100\%-40\%-30\%)\times40\%/(100\%-40\%\times30\%)\fallingdotseq14\%$
* 5　$b/(1-\alpha\times\beta)=40\%/(100\%-40\%\times30\%)\fallingdotseq46\%$
* 6　$\beta\times a/(1-\alpha\times\beta)=30\%\times50\%/(100\%-40\%\times30\%)\fallingdotseq17\%$
* 7　$(1-b-\beta)/(1-\alpha\times\beta)=(100\%-40\%-30\%)/(100\%-40\%\times30\%)\fallingdotseq34\%$
* 8　$(1-a-\alpha)\times\beta/(1-\alpha\times\beta)\fallingdotseq(100\%-50\%-40\%)\times30\%/(100\%-40\%\times30\%)\fallingdotseq3\%$

　上記の設例に基づいて，資本と出資の相殺消去をすると以下のようになります。

A社資本金	10,000	A社株式（P社所有）	6,000
A社未処分利益（直接）(＊1)	680	A社株式（B社所有）	5,000
B社未処分利益（間接）(＊2)	400	A社少数株主持分(＊3)	1,170
連結調整勘定（A社）	1,090		

* 1　570①＋110③＝680
* 2　340⑥＋60⑧＝400
* 3　1,000（A社資本金部分外部株主直接持分）＋110③＋60⑧＝1,170

B社資本金	20,000	B社株式（P社所有）	15,000
B社未処分利益（直接）(＊1)	1,600	B社株式（B社所有）	10,000
A社未処分利益（間接）(＊2)	320	B社少数株主持分(＊3)	6,820
連結調整勘定（B社）	9,900		

* 1　920⑤＋680⑦＝1,600
* 2　180②＋140④＝320

＊3　6,000（B社資本金部分外部株主直接持分）＋680⑦＋140④＝6,820

② 簡 便 法

　原則法のように各子会社の個別財務諸表に計上された剰余金に対する親会社の直接持分額と間接持分額とを区分して，剰余金の実質的な帰属先を計算すると，株式の相互持合を行っている子会社の数が多い場合には，計算が複雑となるため，株式の相互持合を行っている子会社の未処分利益及び当期損益の合計が連結剰余金及び連結当期純損益に比較して重要性がない場合には，原則法に代えて，各子会社の個別財務諸表に計上された剰余金に実質持株比率を乗じて，簡便的に計算することができることとなっています。

　具体的には，第6項の子会社2社による株式の相互持合の場合，親会社持分額の合計P1は，次のようになります。

　　Ｐ１＝Ａ１×ａ＋Ｂ１×ｂ

この方程式を解いて，A社とB社の個別財務諸表における剰余金Ａ０及びＢ０に対するP社の実質的な連結持分額の計算式を求めると，次のようになります。

　　Ｐ１＝Ａ０×（ａ＋α×ｂ）／（１－α×β）＋Ｂ０×（ｂ＋β×ａ）／（１－α×β）

　この方法によっても，親会社持分額の合計Ｐ１は，第6項の原則法と同額となりますが，A社及びB社のそれぞれの剰余金に対する親会社及び少数株主の連結持分額として計算される金額が異なることとなります。

　では，原則法の設例を簡便法で行うと以下のようになります。

　　　資本金部分
　　　　①原則法と同一のため省略
　　未処分利益部分

	A社		B社	
	実質持株比率	持分額	実質持株比率	持分額
P社持分	75％(＊1)	750 ⑨	63％(＊3)	1,260 ⑪
外部株主持分	25％(＊2)	250 ⑩	37％(＊4)	740 ⑫
合　　計	100％	1,000	100％	2,000

　　＊1　（ａ＋α×ｂ）／（１－α×β）＝（50％＋40％×40％）／（100％－40％×30％）＝75％
　　＊2　100％－75％＝25％
　　＊3　（ｂ＋β×ａ）／（１－α×β）＝（40％＋30％×50％）／（100％－40％×30％）＝63％
　　＊4　100％－63％＝37％

簡便法に基づくと，資本と出資の相殺消去をすると以下のようになります。

```
A社資本金              10,000 / A社株式（P社所有）    6,000
A社未処分利益           1,000 / A社株式（B社所有）    5,000
連結調整勘定（A社）     1,250 / A社少数株主持分＊    1,250
```

＊1,000（A社資本金部分外部株主直接持分）+250⑩＝1,250

```
B社資本金              20,000 │ B社株式（P社所有）      15,000
B社未処分利益            2,000 │ B社株式（A社所有）      10,000
連結調整勘定（B社）       9,740 │ B社少数株主持分＊        6,740
```

＊6,000（B社資本金部分外部株主直接持分）+740⑫＝6,740

③ 株式の持ち合いを無視して計算する方法

多数の子会社間で株式の持合が行われている場合，株式の相互持合を調整するために，原則法や簡便法で行なうと計算が複雑になり，株式の相互持合に関するタイムリーなデータの入手が実務上難しいこととなるため，子会社の未処分利益及び当期損益の合計が，連結剰余金及び連結当期純損益と比較して重要性がない場合について，各子会社ごとに親会社の直接所有に係る持分比率と外部株主の持株比率との割合で剰余金の実質的な連結持分額を算定する方法も認められています。

上記設例に場合で，株式の持ち合いを無視して計算する方法によると以下のようになります。

資本金部分
　①原則法と同一のため省略
未処分利益部分

	A社		B社	
	実質持株比率	持分額	実質持株比率	持分額
P社持分	83%(＊1)	830 ⑬	57%(＊3)	1,040 ⑮
外部株主持分	17%(＊2)	170 ⑭	43%(＊4)	960 ⑯
合　　計	100%	1,000	100%	2,000

＊1　$a/(1-\alpha)=50\%/(100\%-40\%)≒83\%$
＊2　$100\%-83\%=17\%$
＊3　$b/(1-\beta)=40\%/(100\%-30\%)=57\%$
＊4　$100\%-57\%=43\%$

簡便法に基づくと，資本と出資の相殺消去をすると以下のようになります。

```
A社資本金              10,000 │ A社株式（P社所有）       6,000
A社未処分利益            1,000 │ A社株式（B社所有）       5,000
連結調整勘定（A社）       1,170 │ A社少数株主持分＊        1,170
```

＊1,000（A社資本金部分外部株主直接持分）+170⑭＝1,170

```
B社資本金            20,000 / B社株式（P社所有）      15,000
B社未処分利益          2,000 / B社株式（A社所有）      10,000
連結調整勘定（B社）     9,960 / B社少数株主持分＊       6,960
```

＊6,000（B社資本金部分外部株主直接持分）+960⑯＝6,960

企業会計参考資料
・会計制度委員会報告第7号（追補）　株式の間接所有に係る資本連結手続に関する実務指針

(3) 少数株主持分

独立行政法人会計基準　「第109　少数株主持分」
1　特定関連会社の資本のうち独立行政法人に帰属しない部分は，少数株主持分とする。
2　特定関連会社の欠損のうち，当該特定関連会社に係る少数株主持分に割り当てられる額が，当該少数株主の負担すべき額を超える場合には，当該超過額については，当該特定関連会社との関係を勘案して処理するものとする。（注80）

〈注80〉特定関連会社の欠損が当該特定関連会社に係る少数株主持分に割り当てられるべき額を超える場合の処理について
1　例えば，特定関連会社に対する独立行政法人の出資が，当該特定関連会社が行う研究開発事業等に要する資金の供給として他の民間会社と共同して実施される場合等であって，特定関連会社の欠損金について独立行政法人と当該他の民間会社がその出資割合に応じて負担することが合理的な場合には，次のように処理することが考えられる。
(1)　独立行政法人が当該特定関連会社の債務保証を行っている等，契約等による義務を負っている場合には，特定関連会社の欠損のうち，当該特定関連会社に係る少数株主の負担すべき額を超える額（以下「少数株主持分超過欠損額」という。）のうち，独立行政法人が負担すべき義務の金額の範囲内で独立行政法人の持分に負担させる。
(2)　独立行政法人が契約等による義務を負っていない場合の少数株主持分超過欠損額及び少数株主持分超過欠損額が契約等により独立行政法人が負担すべき義務の金額を超える場合の当該超過欠損額は，少数株主持分に割り当てるものとする。
2　上記1(1)の場合において，その後特定関連会社に利益が計上されたときは，独立行政法人が負担した欠損が回収されるまで，その利益の金額を独立行政法人の持分に加算するものとする。

国立大学法人会計基準　「第98　少数株主持分」
1　特定関連会社の資本のうち国立大学法人等に帰属しない部分は，少数株主持分とする。
2　特定関連会社の欠損のうち，当該特定関連会社に係る少数株主持分に割り当てられる額が，当該少数株主の負担すべき額を超える場合には，当該超過額については，当該特定関連会社との関係を勘案して処理するものとする。（注65）

第❷章 連結財務諸表の作成　49

> **〈注65〉特定関連会社の欠損が当該特定関連会社に係る少数株主持分に割り当てられるべき額を超える場合の処理について**
> 1　例えば，特定関連会社に対する国立大学法人等の出資が，当該特定関連会社が行う研究開発事業等に要する資金の供給として他の民間会社と共同して実施される場合等であって，特定関連会社の欠損金について国立大学法人等と当該他の民間会社がその出資割合に応じて負担することが合理的な場合には，次のように処理することが考えられる。
> (1)　国立大学法人等が当該特定関連会社の債務保証を行っている等，契約等による義務を負っている場合には，特定関連会社の欠損のうち，当該特定関連会社に係る少数株主の負担すべき額を超える額（以下「少数株主持分超過欠損額」という。）のうち，国立大学法人等が負担すべき義務の金額の範囲内で国立大学法人等の持分に負担させる。
> (2)　国立大学法人等が契約等による義務を負っていない場合の少数株主持分超過欠損額及び少数株主持分超過欠損額が契約等により国立大学法人等が負担すべき義務の金額を超える場合の当該超過欠損額は，少数株主持分に割当てるものとする。
> 2　上記1(1)の場合において，その後特定関連会社に利益が計上されたときは，国立大学法人等が負担した欠損が回収されるまで，その利益の金額を国立大学法人等の持分に加算するものとする。

特定関連会社の資本のうち，独立行政法人等の出資割合以外の，独立行政法人等に帰属しない部分は「少数株主持分」の勘定で処理します。

少数株主は毎期の損益やその結果として計上される剰余金も，出資割合に応じて取得すると考えられるため，少数株主持分に加算する会計処理を行う半面，毎期の損失や欠損金も出資割合に応じた分を負担するとして少数株主持分から減算する処理を行います。しかし，特定関連会社の欠損金のうち，少数株主に割り当てられる額が少数株主の負担すべき額を超える場合には，その超過額は当該特定関連会社との関係を勘案して処理するものと

【図2－13】少数株主持分

少数株主持分の考え方とは？？？

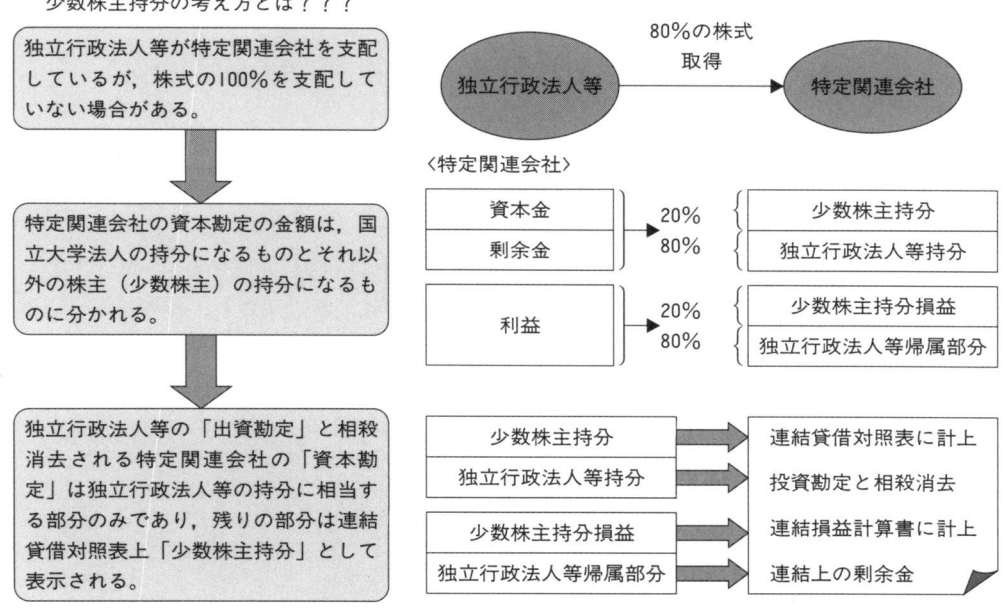

独立行政法人等が特定関連会社を支配しているが，株式の100％を支配していない場合がある。
↓
特定関連会社の資本勘定の金額は，国立大学法人の持分になるものとそれ以外の株主（少数株主）の持分になるものに分かれる。
↓
独立行政法人等の「出資勘定」と相殺消去される特定関連会社の「資本勘定」は独立行政法人等の持分に相当する部分のみであり，残りの部分は連結貸借対照表上「少数株主持分」として表示される。

独立行政法人等 ──80％の株式取得→ 特定関連会社

〈特定関連会社〉

| 資本金 | → 20％ | 少数株主持分 |
| 剰余金 | → 80％ | 独立行政法人等持分 |

| 利益 | → 20％ | 少数株主持分損益 |
| | → 80％ | 独立行政法人等帰属部分 |

少数株主持分 ⇒ 連結貸借対照表に計上
独立行政法人等持分 ⇒ 投資勘定と相殺消去
少数株主持分損益 ⇒ 連結損益計算書に計上
独立行政法人等帰属部分 ⇒ 連結上の剰余金

されています。

　これは，少数株主はその支配・影響力がさほど大きくなく，経営に対する責任も出資額以上に負担しなければならないかどうかは，その法人間の関係によると考えられるからです。企業会計における規定では，通常の場合，少数株主はその負担すべき額までしか責任を負わず，残額については連結している親会社が負担することとなっていますが，独立行政法人等の場合は，出資の形態が特殊で一概に負担すると決められないため，保証債務を行っている等の場合に限定しています。

(4) 債権債務の相殺

> **独立行政法人会計基準　「第110　債権と債務の相殺消去」**
> 1　連結法人相互間の債権と債務とは，相殺消去しなければならない。
> 2　連結法人相互間での債務保証に関し計上されている保証債務損失引当金は，その全額を消去しなければならない。また，民間企業等に対して信用の供与を行うことを主たる業務としている独立行政法人においては，特定関連会社に対する債務保証に関し計上されている保証債務と保証債務見返とは相殺消去しなければならない。

> **国立大学法人会計基準　「第99　債権と債務の相殺消去」**
> 1　連結法人相互間の債権と債務とは，相殺消去しなければならない。
> 2　連結法人相互間での債務保証に関し計上されている保証債務損失引当金は，その全額を消去しなければならない。

　連結法人間の債権・債務は，連結外部にとって全く意味がないため，相殺消去します。主なものは売掛金と買掛金，未収金と未払金などですが，タイミングによっては前払費用と前受金等になることもありえます。

　また，通常債権・債務は一致しますが，不一致になることもあります。それは，法人間取引での未達や，決算日の差異，為替の差異などによるものです。未達の場合には，まだ届いていないが，実現したものとして受入処理をすれば一致します。決算日の差異は，その期間における取引を全て連結上反映すれば一致します。

　この不一致は原則として調整すべきものですが，実務上は必ずしも全部について一致させていないこともあります。この点においても重要性の原則が適用され，重要性が明らかにないと認められる差額については調整せず，そのまま連結することもありますし，金額的に重要でなくても，性質として一致するべきものが一致しない場合や，勘定自体の質的重要性が高い場合などはさらに調査することもあります。

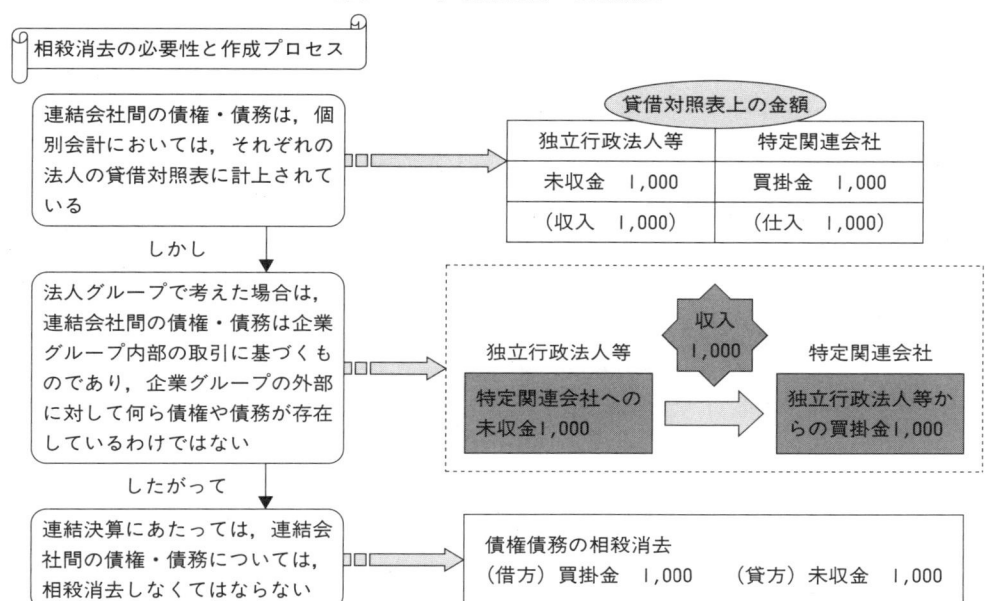

【図2－14】債権債務の相殺消去

相殺消去の必要性と作成プロセス

連結会社間の債権・債務は、個別会計においては、それぞれの法人の貸借対照表に計上されている

貸借対照表上の金額

独立行政法人等	特定関連会社
未収金 1,000	買掛金 1,000
（収入 1,000）	（仕入 1,000）

しかし

法人グループで考えた場合は、連結会社間の債権・債務は企業グループ内部の取引に基づくものであり、企業グループの外部に対して何ら債権や債務が存在しているわけではない

収入 1,000

独立行政法人等 特定関連会社への未収金1,000 → 特定関連会社 独立行政法人等からの買掛金1,000

したがって

連結決算にあたっては、連結会社間の債権・債務については、相殺消去しなくてはならない

債権債務の相殺消去
（借方）買掛金　1,000　　（貸方）未収金　1,000

(5) 税効果会計

連結上行う税効果会計に関しては、II　税効果会計編で説明していますので参照ください。

(6) 持分法

> **独立行政法人会計基準　「第112　関連会社等に対する持分法の適用」**
> 1　連結の範囲に含めない特定関連会社及び関連会社に対する出資については、原則として持分法を適用しなければならない。（注81）
> 2　関連会社とは、独立行政法人及び特定関連会社が、出資、人事、資金、技術、取引等の関係を通じて、特定関連会社以外の会社の財務及び営業の方針決定に対して重要な影響を与えることができる場合における当該会社をいう。
> 3　次の場合には、特定関連会社以外の会社の財務及び事業運営の方針決定に重要な影響を与えることができないことが明らかに示されない限り、当該会社は関連会社に該当するものとする。
> (1)　特定関連会社以外の会社の議決権の百分の二十以上を実質的に所有している場合
> (2)　会社に対する議決権の所有割合が百分の二十未満であっても、一定の議決権を有しており、かつ、次のような事実が認められる場合
> 　ア　独立行政法人の役員若しくは職員である者又はこれらであった者（独立行政法人の設立に際し、権利義務を承継した特殊法人等の役員若しくは職員であった者を含む。）であって、財務及び営業又は事業の方針決定に関して影響を与えることができる者が、代表取締役又はこれに準ずる役職に就任している場合
> 　イ　独立行政法人が、重要な融資（債務保証又は担保の提供を含む。）を行っている場合
> 　ウ　独立行政法人が、重要な技術を提供している場合

エ　独立行政法人との間に，重要な販売，仕入その他の営業上又は事業上の取引がある場合
　　　オ　独立行政法人が，財務及び営業又は事業の方針決定に対して重要な影響を与えることができることが推測される事実が存在する場合
　4　関連会社株式の売却等により当該会社が関連会社に該当しなくなった場合には，残存する当該会社の株式は，個別貸借対照表上の帳簿価額をもって評価する。
　　なお，特定関連会社株式の売却等により当該会社が特定関連会社及び関連会社に該当しなくなった場合には，上記に準じて処理する。

〈注81〉持分法適用の範囲からの除外について
　持分法の適用により，連結財務諸表に重要な影響を与えない場合には，持分法の適用会社としないことができる。

国立大学法人会計基準　「第101　関連会社等に対する持分法の適用」
　1　連結の範囲に含めない特定関連会社及び関連会社に対する出資については，原則として持分法を適用しなければならない。（注66）
　2　関連会社とは，国立大学法人等及び特定関連会社が，出資，人事，資金，技術，取引等の関係を通じて，特定関連会社以外の会社の財務及び営業の方針決定に対して重要な影響を与えることができる場合における当該会社をいう。
　3　次の場合には，特定関連会社以外の会社の財務及び事業運営の方針決定に重要な影響を与えることができないことが明らかに示されない限り，当該会社は関連会社に該当するものとする。
　　(1)　特定関連会社以外の会社の議決権の百分の二十以上を実質的に所有している場合
　　(2)　会社に対する議決権の所有割合が百分の二十未満であっても，一定の議決権を有しており，かつ，次のような事実が認められる場合
　　　ア　国立大学法人等の役員若しくは教職員である者又はこれらであった者（国立大学法人等の設立に際し，権利義務を承継した国立大学等の教職員であった者を含む。）であって，財務及び営業又は事業の方針決定に関して影響を与えることができる者が，代表取締役又はこれに準ずる役職に就任している場合
　　　イ　国立大学法人等が，重要な融資（債務保証又は担保の提供を含む。）を行っている場合
　　　ウ　国立大学法人等が，重要な技術を提供している場合
　　　エ　国立大学法人等との間に，重要な販売，仕入その他の営業上又は事業上の取引がある場合
　　　オ　国立大学法人等が，財務及び営業又は事業の方針決定に対して重要な影響を与えることができることが推測される事実が存在する場合
　4　関連会社株式の売却等により当該会社が関連会社に該当しなくなった場合には，残存する当該会社の株式は，個別貸借対照表上の帳簿価額をもって評価する。なお，特定関連会社株式の売却等により当該会社が特定関連会社及び関連会社に該当しなくなった場合には，上記に準じて処理する。

〈注66〉持分法適用の範囲からの除外について
　持分法の適用により，連結財務諸表に重要な影響を与えない場合には，持分法の適用会社

としないことができる。

> **独立行政法人Q&A**
> Q112-1 「注解81　持分法適用の範囲からの除外について」で、「重要な影響を与えない場合」の基準は必要ないか。
> A1　持分法の適用範囲から除いても連結財務諸表に重要な影響を与えない特定関連会社及び関連会社（以下「非特定関連会社等」という。）か否かは、関係法人集団における個々の非特定関連会社等の特性並びに、少なくとも純損益及び連結剰余金に与える影響をもって判断すべきものと考える。
> 2　独立行政法人の公的性格に鑑みて統一的な数量基準を示すことも考えられるが、かえって形式的な持分法適用除外を助長する恐れもあるため、示さないこととした。

> **国立大学法人Q&A**
> Q101-1 「注解66　持分法適用の範囲からの除外について」で、「重要な影響を与えない場合」の基準は必要ないか。
> A1　持分法の適用範囲から除いても連結財務諸表に重要な影響を与えない特定関連会社及び関連会社（以下「非特定関連会社等」という。）か否かは、関係法人集団における個々の非特定関連会社等の特性並びに、少なくとも純損益及び連結剰余金に与える影響をもって判断すべきものと考える。
> 2　国立大学法人等の公的性格に鑑みて統一的な数量基準を示すことも考えられるが、かえって形式的な持分法適用除外を助長する恐れもあるため、示さないこととした。

連結財務諸表提出法人は原則として全ての特定関連会社を連結し、連結しなかった特定関連会社及び関連会社に対しては持分法を適用する必要があります。その際に、対象となる法人の条件は、連結の範囲同様、出資・人事・資金・取引等の関係から以下のように定めています。

① 特定関連会社以外の会社の議決権の20／100以上を実質的に所有している場合
② 一定の議決権を有しており、かつ以下の要件に該当する場合
　ア　役職員である（あった）者で、事業方針等の決定に影響を与えられる者が代表取締役等である場合
　イ　重要な融資（債務保証・担保提供含む）を行っている場合
　ウ　重要な技術を提供している場合
　エ　重要な営業上の取引がある場合
　オ　重要な財務・営業等の方針に独立行政法人等の影響を推測させる事実が存在

独立行政法人における連結の範囲について、公会計委員会報告第4号「独立行政法人における連結財務諸表監査」（平成16年2月17日）において、独立行政法人においての特定関連会社の範囲の決定については、企業会計における監査委員会報告第60号「連結財務諸表における子会社及び関連会社の範囲の決定に関する監査上の取扱い」により判断するこ

とが明示されております。関連会社の範囲の決定についても独立行政法人通則法37条の趣旨も踏まえ，同様の取扱いが考えられるため，企業会計における関連会社の範囲の取扱いについて詳しく説明していきます。

企業会計における「関連会社」とは，会社（当該会社が子会社を有する場合には，当該子会社を含む。）が，出資，人事，資金，技術，取引等の関係を通じて，子会社以外の他の会社等の財務及び営業又は事業の方針の決定に対して重要な影響を与えることができる場合における当該子会社以外の他の会社等をいいます。

「子会社以外の他の会社等の財務及び営業又は事業の方針の決定に対して重要な影響を与えることができる場合」とは，次に掲げる場合をいいます。

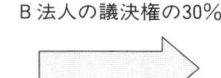

> 一　子会社以外の他の会社等の議決権の百分の二十以上を自己の計算において所有している場合

子会社の範囲の決定における算式同様の算式によって，子会社以外の他の会社の議決権の所有割合を算定します。

　　　議決権の所有割合＝所有する議決権の数／行使し得る議決権の総数

ただし，関連会社の場合，持株関係が複雑であり，行使し得る議決権の総数の把握が困難と認められる場合には，議決権の所有割合の算式における分母を「行使し得る議決権の総数」に代え，直前期の株主総会招集通知に記載されている「総株主の議決権の数」により算定することができることとされています。

【図2－15】重要な影響を与える場合（その一）

《子会社以外の他の会社等の財務及び営業又は事業の方針の決定に対して重要な影響を与えることが出来る場合》

A法人　　　→　B法人の議決権の30％　　　C法人

> 一　子会社以外の他の会社等の議決権の百分の二十以上を自己の計算において所有している場合

> 二　子会社以外の他の会社等の議決権の百分の十五以上，百分の二十未満を自己の計算において所有している場合であって，かつ，次のいずれかの要件に該当する場合
> 　イ　役員若しくは使用人である者，又はこれらであった者で自己が子会社以外の他の会社等の財務及び営業又は事業の方針の決定に関して影響を与えることができ

る者が，当該子会社以外の他の会社等の代表取締役，取締役又はこれらに準ずる役職に就任していること。
　ロ　子会社以外の他の会社等に対して重要な融資（債務の保証及び担保の提供を含む。）を行っていること。
　ハ　子会社以外の他の会社等に対して重要な技術を提供していること。
　ニ　子会社以外の他の会社等との間に重要な販売，仕入れその他の営業上又は事業上の取引があること。
　ホ　その他子会社以外の他の会社等の財務及び営業又は事業の方針の決定に対して重要な影響を与えることができることが推測される事実が存在すること。

　ここで，イにおける持分法における範囲の特徴として，連結の場合，会社の意思決定機関である取締役会等の過半数を占める場合を要件としているのに対して，持分法では，他

【図2－16】重要な影響を与える場合（その二）

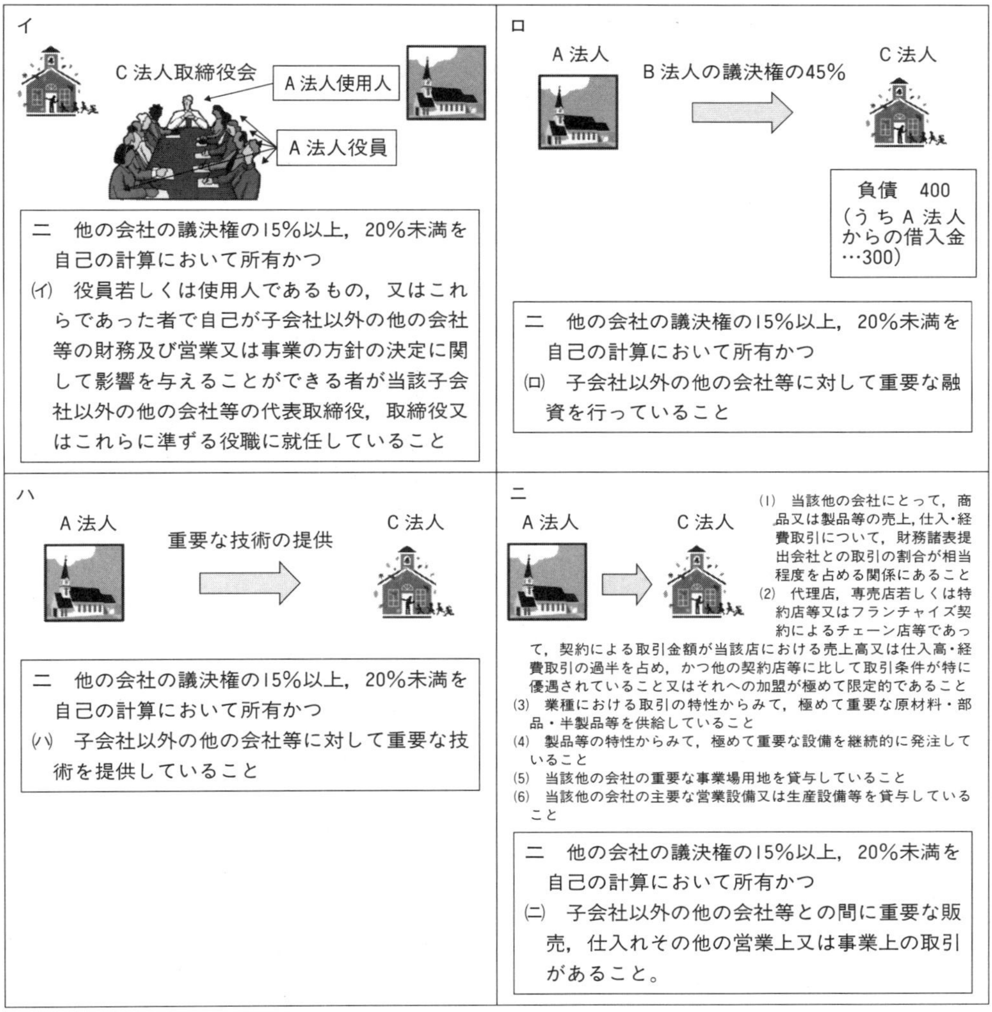

イ	ロ
C法人取締役会／A法人使用人／A法人役員	A法人 → B法人の議決権の45% → C法人／負債 400（うちA法人からの借入金…300）
二　他の会社の議決権の15％以上，20％未満を自己の計算において所有かつ ㈦　役員若しくは使用人であるもの，又はこれらであった者で自己が子会社以外の他の会社等の財務及び営業又は事業の方針の決定に関して影響を与えることができる者が当該子会社以外の他の会社等の代表取締役，取締役又はこれらに準ずる役職に就任していること	二　他の会社の議決権の15％以上，20％未満を自己の計算において所有かつ ㈠　子会社以外の他の会社等に対して重要な融資を行っていること

ハ	ニ
A法人　重要な技術の提供　→　C法人	A法人 → C法人
二　他の会社の議決権の15％以上，20％未満を自己の計算において所有かつ ㈧　子会社以外の他の会社等に対して重要な技術を提供していること	⑴　当該他の会社にとって，商品又は製品等の売上，仕入・経費取引について，財務諸表提出会社との取引の割合が相当程度を占める関係にあること ⑵　代理店，専売店若しくは特約店等又はフランチャイズ契約によるチェーン店等であって，契約による取引金額が当該店における売上高又は仕入高・経費取引の過半を占め，かつ他の契約店等に比して取引条件が特に優遇されていること又はそれへの加盟が極めて限定的であること ⑶　業種における取引の特性からみて，極めて重要な原材料・部品・半製品等を供給していること ⑷　製品等の特性からみて，極めて重要な設備を継続的に発注していること ⑸　当該他の会社の重要な事業場用地を賃与していること ⑹　当該他の会社の主要な営業設備又は生産設備等を賃与していること 二　他の会社の議決権の15％以上，20％未満を自己の計算において所有かつ ㈡　子会社以外の他の会社等との間に重要な販売，仕入れその他の営業上又は事業上の取引があること。

の会社の代表取締役，取締役又はこれに準ずる役職に就任していることが要件として挙げられており，このことにより支配は及ばないにしろ，重要な影響を与えうる場合に適用することがいえます。

他のロ〜ホの場合も同様に支配するまでの影響力はないにしろ，他の会社に重要な影響力を与える場合を想定しています。

上記ホの「その他子会社以外の他の会社等の財務及び営業又は事業の方針の決定に対して重要な影響を与えることができることが推測される事実が存在すること」とは，共同出資事業契約等に基づいて，当該他の会社に対して多額の出捐及び債務負担を行っていることにより，総合的に判断して財務及び営業又は事業の方針の決定に相当程度関与し得る力を有することが認められる場合等をいいます。

> 三　自己の計算において所有している議決権と緊密な者及び同意している者が所有している議決権とを合わせた場合（自己の計算において議決権を所有していない場合を含む。）に子会社以外の他の会社等の議決権の百分の二十以上を占めているときであって，かつ，上記二のイからホまでのいずれかの要件に該当する場合

子会社の範囲の決定における算式同様の算式によって，他の会社の議決権の所有割合を以下のように算定します。

　　議決権の所有割合＝(所有する議決権の数＋緊密なもの及び同意する者が所有する
　　　　　　　　　　議決権の数)／行使し得る議決権の総数

緊密な者及び同意している者は，「特定関連会社の範囲」で説明していますので参照ください。

以上のように企業会計においては，関連会社の範囲の決定がされますが，独立行政法人等における関連会社の範囲についても，上記企業会計の概念が参考になるものと考えられます。

持分法を適用した関連会社等に対する出資勘定は，持分法による投資損益を毎期計上することで変動し，連結上，実質的に全部連結を行った結果と同様の投資価値を示しています。しかし，所有株式の売却等により，関連会社（または特定関連会社）に該当しなくなった場合の当該出資勘定は，個別貸借対照表上の帳簿価額で評価することになります。

また，持分法を適用することによっても連結財務諸表に重要な影響を与えない場合には，重要性の原則から持分法を適用しないことができますが，その重要性の判断は前述したように，企業会計の会計基準である，監査委員会報告第52号「連結の範囲及び持分法の適用範囲に関する重要性の原則の適用に係る監査上の取扱い」によることとなります。

具体的には，年度利益，期末剰余金について，持分法適用の範囲から除外した場合における割合で判定することとなります。

> **企業会計参考資料**
> ・監査委員会報告第52号 「連結の範囲及び持分法の適用範囲に関する重要性の原則の適用に係る監査上の取扱い」
> ・監査委員会報告第60号 「連結財務諸表における子会社及び関連会社の範囲の決定に関する監査上の取扱い」
> ・「連結財務諸表における子会社等の範囲の決定に関するQ＆A」

(7) 持分法における処理

　国立大学会計基準および独立行政法人会計基準は，持分法の範囲についてのみの規定であり，詳細には記述されていません。今後，持分法について，詳細が規定される可能性はあると思いますが，その間，概ね企業会計で用いられている処理が適用されることと考えられ，加えて国立大学会計基準及び独立行政法人会計基準の特質を考慮していくこととなると思います。ここでは，主な持分法の処理について説明をします。

　1）投資と資本の差額及びその償却

　企業会計の場合，出資法人の投資日における投資とこれに対応すると持分法適用会社の資本の持分額（この資本には評価差額を含む）との間に差額がある場合，当該差額は，投資に含めて，連結調整勘定と同様の処理を行うこととなり，計上後20年以内の定額法で処理されることとなります。

　一方，独立行政法人会計基準及び国立大学会計基準においては，出資と資本の相殺消去にあたって，企業会計と異なり，発生年度に一括償却が求められている趣旨に鑑みて，持分法においても同様に一括償却が求められるものと考えられます。

　2）持分法による投資損益の算定

　企業会計において，出資法人は，出資の日（持分法適用日が取得日の後の場合には持分法適用日）以降における持分法適用会社の利益又は損失のうち投資会社の持分又は負担する額を算定して，投資の額を増額又は減額し，当該増減額を「持分法による投資損益」として当期純利益の計算に含めていきます。

　なお，追加取得又は重要性が出てきたことにより，当期より持分法を適用する場合には，持分法適用日における取得後剰余金又は欠損金の持分額又は負担額は，連結剰余金増加高又は減少高の区分に「持分法適用会社の増加に伴う連結剰余金増加高又は減少高」等の科目をもって表示し，当期の「持分法による投資損益」として計上するのは，持分法適用日以降の損益となります。

　3）未実現損益の消去

　企業会計において，持分法の適用に当たっては，出資法人又は連結会社と持分法適用会社との取引に係る未実現損益を消去するための修正を行います。なお未実現損益の金額に重要性が乏しい場合には，これを消去しないことができます。

A）出資法人が売り手の場合

売手側である出資法人に生じた未実現利益は，買手側が非特定関連会社である場合には，当該子会社を投資会社が親会社として支配しているため，全額消去します。

売手側である出資法人に生じた未実現利益は，買手側が関連会社に対する出資法人の持分相当額を消去しますが，状況から判断して他の株主持分についても実質的に実現していないと判断される場合は，全額消去します。

B）持分法適用会社が売手側の場合

持分法適用会社から連結会社に売却した場合，売り手である持分法適用会社に生じた未実現利益は，持分法適用会社に対する持分法相当額を消去します。なお持分法適用会社間で生じている未実現利益は，各々の持分法適用会社に対する持分比率を乗じて計算した比率を当該未実現利益に乗じて計算した金額を消去することになると考えられます。

以上の独立行政法人等についても，企業会計の処理に準じて未実現利益の消去が行われることとなります。

4）受取配当金の処理

被投資会社から配当を受け取ったときは，当該配当金に相当する額から減額します。これは，配当金は，持分法適用会社の利益剰余金の減少は，現預金の減少又は未払配当金の計上による純資産の減少となるから，当該持分相当額である投資の額の減少となります。したがって，持分法上，受取配当金の消去は，投資有価証券の減少となります。

設例については，税効果会計編で記述していますので，参照ください。

―― 企業会計参考資料 ――
・会計制度委員会報告第9号 「持分法会計に関する実務指針」

(8) 表　　示

独立行政法人会計基準 「第113 表示区分」
1　連結貸借対照表は，資産の部，負債の部，少数株主持分及び資本の部に区分するものとする。
　　資産の部は，流動資産，固定資産及び繰延資産に区分し，固定資産は，有形固定資産，無形固定資産及び投資その他の資産に区分して記載するものとする。
　　負債の部は，流動負債及び固定負債に区分して記載するものとする。
　　少数株主持分は，負債の部の次に区分して記載するものとする。
　　資本の部は，資本金，資本剰余金，連結剰余金に区分して記載するものとする。
2　流動資産，有形固定資産，無形固定資産，投資その他の資産，繰延資産，流動負債及び固定負債は一定の基準に従い，その性質を示す適切な名称を付した科目に明瞭に分類して記載するものとする。（注82）

第❷章 連結財務諸表の作成

> **〈注82〉繰延資産について**
> 1 「第8 資産の定義」により，独立行政法人においては，繰延資産を計上してはならないことにされており，連結貸借対照表に計上される繰延資産は，特定関連会社の貸借対照表に計上されている繰延資産に限られる。
> 2 特定関連会社の貸借対照表に社債発行差金が繰延資産として計上されているときは，当該社債発行差金は，投資その他の資産として連結貸借対照表に計上するものとする。

> **国立大学法人会計基準 「第102 表示区分」**
> 1 連結貸借対照表は，資産の部，負債の部，少数株主持分及び資本の部に区分するものとする。
> 資産の部は，固定資産，流動資産及び繰延資産に区分し，固定資産は，有形固定資産，無形固定資産及び投資その他の資産に区分して記載するものとする。負債の部は，固定負債及び流動負債に区分して記載するものとする。
> 少数株主持分は，負債の部の次に区分して記載するものとする。
> 資本の部は，資本金，資本剰余金，連結剰余金に区分して記載するものとする。
> 2 流動資産，有形固定資産，無形固定資産，投資その他の資産，繰延資産，流動負債及び固定負債は一定の基準に従い，その性質を示す適切な名称を付した科目に明瞭に分類して記載するものとする。（注67）

> **〈注67〉繰延資産について**
> 1 「第8 資産の定義」により，国立大学法人等においては，繰延資産を計上してはならないことにされており，連結貸借対照表に計上される繰延資産は，特定関連会社の貸借対照表に計上されている繰延資産に限られる。
> 2 特定関連会社の貸借対照表に社債発行差金が繰延資産として計上されているときは，当該社債発行差金は，投資その他の資産として連結貸借対照表に計上するものとする。

　連結貸借対照表は個別貸借対照表と基本的に同じ表示形式ですが，いくつか異なる点があります。

　まず，連結貸借対照表においては，個別貸借対照表と異なり，連結特有の勘定である「少数株主持分」が生じることがあるため，これについては別の部として負債の部の次に記載することとなっています。

　また，資本の部が，個別では資本金，資本剰余金，利益剰余金に区分するのに対して，連結では，利益剰余金の代わりに連結剰余金という記載をします。

　そして，連結貸借対照表の資産の部は，流動資産，固定資産及び繰延資産に区分することとなっており，個別貸借対照表において繰延資産を計上することが認められないことと矛盾しないか，という点があります。

> **独立行政法人Q＆A**
> Q113-1　独立行政法人において繰延資産を計上してはならないとされている一方で連結

貸借対照表には特定関連会社の繰延資産を計上することが認められていることは，会計基準第103の会計処理の統一と矛盾しないのか。

A 会計基準「第8 資産の定義」の注解8に記載のとおり，独立行政法人において繰延資産の計上を認めていないのは，企業会計において繰延資産に計上される取引が，社債発行差金を除いて想定されないためである。すなわち独立行政法人の特定関連会社において企業会計原則等に従って計上された繰延資産そのものを否定するものではない。したがって，独立行政法人における繰延資産計上禁止と，特定関連会社における繰延資産計上は，組織形態の違いによるものであり，会計処理の統一上の問題とはならない。

国立大学法人Q&A

Q102－1 国立大学法人等において繰延資産を計上してはならないとされている一方で連結貸借対照表には特定関連会社の繰延資産を計上することが認められていることは，基準第93の会計処理の統一と矛盾しないのか。

A 基準「第8 資産の定義」の注解8に記載のとおり，国立大学法人等において繰延資産の計上を認めていないのは，企業会計において繰延資産に計上される取引が，社債発行差金を除いて想定されないためである。すなわち国立大学法人等の特定関連会社において企業会計原則等に従って計上された繰延資産そのものを否定するものではない。したがって，国立大学法人等における繰延資産計上禁止と，特定関連会社における繰延資産計上は，組織形態の違いによるものであり，会計処理の統一上の問題とはならない。

　連結財務諸表は，独立行政法人等を中心とする関係法人集団の財務諸表を合算・消去したものであるため，そこには株式会社等の法人も含まれることがあります。株式会社等においては，通常の企業会計がベースとなるため，繰延資産の計上が限定的に認められており，そこで計上された繰延資産は当然に連結貸借対照表に計上されることとなります。

　ただし，企業会計において繰延資産として計上される社債発行差金が，特定関連会社の貸借対照表に繰延資産として計上されている場合には，会計処理の統一の観点から投資その他の資産として連結貸借対照表に計上するものとされています。

　国立大学等の主要な財産が，建物，土地，機械装置等の固定資産から構成されており，負託された経済資源の基礎を形成することから，企業会計の貸借対照表における「流動性配列」ではなく，「固定性配列」を採用しています。なお企業会計においても，電力，ガス，鉄道等で固定性配列が採用されています。

第❷章 連結財務諸表の作成 61

【図2－17】連結貸借対照表における表示

独立行政法人貸借対照表

資　産　の　部	負　債　の　部
I　流　動　資　産	I　流　動　負　債
現　金　及　び　預　金	運　営　交　付　金　債　務
有　価　証　券	短　期　借　入　金
…	…
II　固　定　資　産	II　固　定　負　債
1　有　形　固　定　資　産	長　期　借　入　金
建　　　　　　　　物	退　職　給　付　引　当　金
構　　築　　　　物	…
…	少　数　株　主　持　分
2　無　形　固　定　資　産	資　本　の　部
特　　　　許　　　　権	I　資　　本　　金
借　　地　　　　権	II　資　本　剰　余　金
…	III　連　結　剰　余　金
3　投資その他の資産	IV　その他有価証券評価差額金
投　資　有　価　証　券	
長　期　貸　付　金	
…	
III　繰　延　資　産	
新　株　発　行　費	

国立大学法人等貸借対照表

資　産　の　部	負　債　の　部
I　固　定　資　産	I　固　定　負　債
1　有　形　固　定　資　産	長　期　借　入　金
建　　　　　　　　物	退　職　給　付　引　当　金
…	…
2　無　形　固　定　資　産	II　流　動　負　債
特　　　　許　　　　権	運　営　費　交　付　金　債　務
借　　地　　　　権	短　期　借　入　金
…	…
3　投資その他の資産	少　数　株　主　持　分
投　資　有　価　証　券	資　本　の　部
長　期　貸　付　金	I　資　　本　　金
…	II　資　本　剰　余　金
II　流　動　資　産	III　連　結　剰　余　金
現　金　及　び　預　金	IV　その他有価証券評価差額金
未　収　学　生　納　付　金　収　入	
…	
III　繰　延　資　産	
新　株　発　行　費	

第3節　連結損益計算書作成基準

(1) 基本原則

> **独立行政法人会計基準　「第114　連結損益計算書作成の基本原則」**
> 　連結損益計算書は，独立行政法人及び特定関連会社の個別損益計算書における費用，収益等の金額を基礎とし，連結法人相互間の取引高の相殺消去及び未実現損益の消去等の処理を行って作成する。

> **国立大学法人会計基準　「第103　連結損益計算書作成の基本原則」**
> 　連結損益計算書は，国立大学法人等及び特定関連会社の個別損益計算書における費用，収益等の金額を基礎とし，連結法人相互間の取引高の相殺消去及び未実現損益の消去等の処理を行って作成する。

　連結損益計算書の作成のイメージを図にすると以下のように表現できます。

【図2-18】連結損益計算書の作成

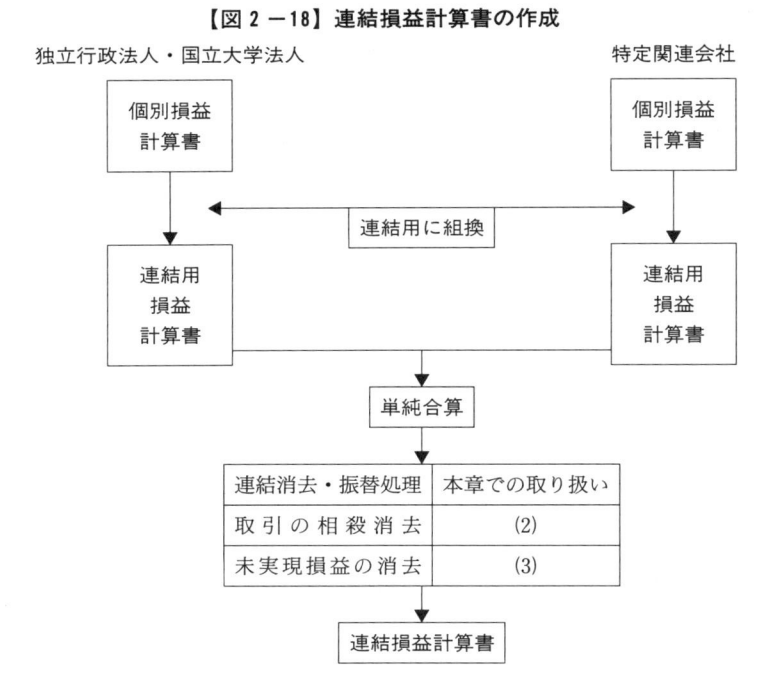

```
独立行政法人・国立大学法人                    特定関連会社
   ┌─────────┐                          ┌─────────┐
   │ 個別損益 │                          │ 個別損益 │
   │ 計算書   │                          │ 計算書   │
   └────┬────┘                          └────┬────┘
        │         ┌──────────┐              │
        ├────────→│連結用に組換│←─────────────┤
        ↓         └──────────┘              ↓
   ┌─────────┐                          ┌─────────┐
   │ 連結用   │                          │ 連結用   │
   │ 損益     │                          │ 損益     │
   │ 計算書   │                          │ 計算書   │
   └────┬────┘                          └────┬────┘
        │           ┌──────┐                │
        └──────────→│単純合算│←───────────────┘
                    └───┬──┘
                        ↓
        ┌──────────────┬──────────────┐
        │連結消去・振替処理│本章での取り扱い│
        ├──────────────┼──────────────┤
        │取引の相殺消去  │    (2)       │
        ├──────────────┼──────────────┤
        │未実現損益の消去│    (3)       │
        └──────────────┴──────────────┘
                        ↓
                  ┌──────────┐
                  │連結損益計算書│
                  └──────────┘
```

(2) 取引の相殺消去

> **独立行政法人会計基準 「第115 連結法人相互間の取引高の相殺消去」**
> 連結法人相互間における役務の提供その他の取引に係る項目は，相殺消去しなければならない。

> **国立大学法人会計基準 「第104 連結法人相互間の取引高の相殺消去」**
> 連結法人相互間における役務の提供その他の取引に係る項目は，相殺消去しなければならない。

取引高の消去に関しても，債権・債務の消去の場合と同様，費用側と収益側の両者の金額の不一致がありえます。

したがって，原則としてはその不一致を調整した上で相殺することになりますが，質的・量的に重要性のない差額に関しては，実務上，たとえば出資法人側（独立行政法人等）の金額にあわせて消去するなどの処理がとられる場合もあります。

会計処理については税効果会計編設例を参照ください。

【図2−19】取引高の相殺消去

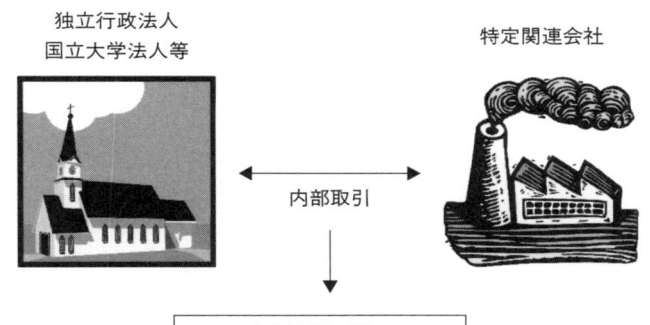

独立行政法人
国立大学法人等　　　　　　　　　特定関連会社

内部取引

内部取引の消去

(1) 営業内部取引
　　売上高と売上原価
(2) 営業外内部取引
　　受取利息と支払利息
　　受取配当金と配当金

(3) 未実現損益の消去

独立行政法人会計基準　「第116　未実現損益の消去」
1　連結法人相互間の取引によって取得したたな卸資産，固定資産その他の資産に含まれる未実現利益は，その全額を消去しなければならない。
2　未実現損益の金額に重要性が乏しい場合には，これを消去しないことができる。
3　売手側の特定関連会社に少数株主が存在する場合には，未実現損益は独立行政法人と少数株主の持分比率に応じて，独立行政法人の持分と少数株主持分に配分するものとする。

国立大学法人会計基準　「第105　未実現損益の消去」
1　連結法人相互間の取引によって取得したたな卸資産，固定資産その他の資産に含まれる未実現利益は，その全額を消去しなければならない。
2　未実現損益の金額に重要性が乏しい場合には，これを消去しないことができる。
3　売手側の特定関連会社に少数株主が存在する場合には，未実現損益は国立大学法人等と少数株主の持分比率に応じて，国立大学法人等の持分と少数株主持分に配分するものとする。

　連結法人間で取引が行われることは，企業会計においては頻繁にあります。製造会社と販売会社に完全に分けて，製造会社から販売会社に全額売上を計上し，販売会社から外部に販売するようなケースも多々あります。

　独立行政法人等においてはこのようなケースはないと思われますが，それでも関係法人との若干の取引が行われることは起こりえます。

　連結法人間で取引を行う場合，その売買の際に利益をまったく上乗せしていなければ，

その取引を消去すればよく，未実現損益に関する問題は生じません。また，売買の時に利益を上乗せしていても，売買の対象となった商品などが連結集団から外部に販売され，連結集団内に残らない場合は実際にその利益は実現していますので問題になりません。提供するサービスが役務である場合も，未実現の役務が残ることはないので問題となりません。

連結上，未実現損益の問題が生じるのは，連結集団内部での内部利益を上乗せしており，その対象となる商品等が期末において連結集団内に残っている場合です。

【図2-20】未実現損益の消去

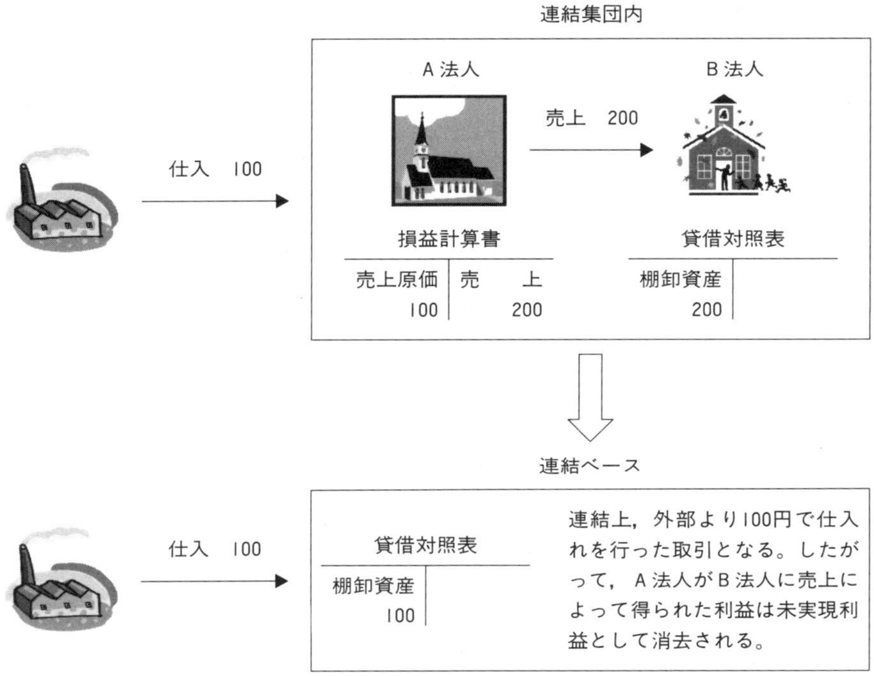

連結集団内

A法人 → 売上 200 → B法人

仕入 100

損益計算書
売上原価 100 ／ 売上 200

貸借対照表
棚卸資産 200

連結ベース

仕入 100

貸借対照表
棚卸資産 100

連結上，外部より100円で仕入れを行った取引となる。したがって，A法人がB法人に売上によって得られた利益は未実現利益として消去される。

(4) 表 示

独立行政法人会計基準 「第117 表示区分」

1 連結損益計算書は，経常損益計算及び純損益計算の区分を設けなければならない。

経常損益計算の区分は，連結法人の業務活動から生じた費用及び収益等を記載して経常損益を表示するものとする。

純損益計算の区分は，経常損益計算の結果を受けて，臨時利益及び臨時損失を記載して税金等調整前当期純利益を表示し，これに法人税，住民税及び事業税，法人税等調整額及び少数株主持分損益を加減して当期純損益を表示するものとする。

純損益計算の結果を受けて，目的積立金取崩額等を表示し，当期総利益を表示するものとする。

2 業務活動から生じた費用及び収益，臨時利益及び臨時損失は，一定の基準に従い，その性質を示す適切な名称を付した科目に明瞭に分類して記載しなければならない。

> **国立大学法人会計基準 「第106 表示区分」**
> 1 連結損益計算書は，経常損益計算及び純損益計算の区分を設けなければならない。経常損益計算の区分は，連結法人の業務活動から生じた費用及び収益等を記載して経常損益を表示するものとする。
>   純損益計算の区分は，経常損益計算の結果を受けて，臨時利益及び臨時損失を記載して税金等調整前当期純利益を表示し，これに法人税，住民税及び事業税，法人税等調整額及び少数株主持分損益を加減して当期純損益を表示するものとする。
>   純損益計算の結果を受けて，目的積立金取崩額等を表示し，当期総利益を表示するものとする。
> 2 業務活動から生じた費用及び収益，臨時利益及び臨時損失は，一定の基準に従い，その性質を示す適切な名称を付した科目に明瞭に分類して記載しなければならない。

連結損益計算書の表示は，個別損益計算書における表示とほとんど同じですが，若干文言が変わっている部分があります。

経常損益計算区分で算出された経常損益に臨時損益を加減したものを個別損益計算書では「税引前当期純損益」と表示しましたが，連結では「税金等調整前当期純損益」と表示します。そして，税金等調整前当期純損益に法人税等と法人税等調整額を加減し，さらに連結固有の勘定である「少数株主持分損益」を加減して当期純損益を計算します。

また，連結損益計算書を作成する上で注意しなければならないことは，会計処理の統一としても言える事ですが，独立行政法人等と特定関連会社で，同じ項目を処理するのに別の勘定科目を使用している場合がありうることです。たとえば，機器のリース料を，出資側Aでは"一般管理費－リース料"で計上しており，特定関連会社Bでは"一般管理費－その他"で計上している場合では，結果として販管費の金額は同じでも，その内訳が異なることとなります。さらに，場合によっては計上している大科目自体が異なることもありえます。したがって，連結作業に入る前に，全ての連結対象法人の個別財務諸表をレビューし，異なる会計処理・異なる勘定科目を使用している法人がないか等のチェックを行うことが必要です。

【図2－21】連結損益計算書における表示

独立行政法人

経常損益計算の部	経常費用 売上原価 販売費及び一般管理費 人件費 連結調整勘定償却額 … 事業外費用 支払利息 債券発行費 …	経常収益 売上高 運営費交付金収益 受託収入 補助金等収益 … 事業外収益 受取利息 持分法による投資利益 …
	経常利益（△損失）	
純損益計算の部	臨時損失 固定資産売却損 …	臨時利益 固定資産売却益 …
	税金等調整前当期純利益(△損失)	
	法人税等 法人税等調整額 少数株主利益（△損失）	
	当期純利益（△損失）	
	目的積立金取崩額	
	当期総利益（△損失）	

国立大学法人等

経常損益計算の部	経常費用 業務費 売上原価 教員人件費 … 販売費及び一般管理費 連結調整勘定償却額 … 事業外費用 支払利息	経常収益 売上 授業料収入 運営費交付金収益 入学金収入 附属病院収益 検定料収益 … 事業外収益 持分法による投資利益
	経常利益（△損失）	
純損益計算の部	臨時損失 固定資産売却損 …	臨時利益 固定資産売却益 …
	税金等調整前当期純利益(△損失)	
	法人税等 法人税等調整額 少数株主利益（△損失）	
	当期純利益（△損失）	
	目的積立金取崩額	
	当期総利益（△損失）	

第4節　連結キャッシュ・フロー計算書作成基準

(1) 基本原則

独立行政法人会計基準　「第118　連結キャッシュ・フロー計算書作成の基本原則」
　連結キャッシュ・フロー計算書は，独立行政法人及び特定関連会社の個別キャッシュ・フロー計算書を基礎として，連結法人相互間のキャッシュ・フローの相殺消去の処理を行って作成する。

国立大学法人会計基準　「第107　連結キャッシュ・フロー計算書作成の基本原則」
　連結キャッシュ・フロー計算書は，国立大学法人等及び特定関連会社の個別キャッシュ・フロー計算書を基礎として，連結法人相互間のキャッシュ・フローの相殺消去の処理を行って作成する。

　連結キャッシュ・フロー計算書の作成方法には，個別キャッシュ・フロー計算書を基礎として合算し，連結法人相互間のキャッシュ・フローの相殺消去を行う原則法と，連結貸

借対照表及び連結損益計算書を作成してこれを基礎として連結キャッシュ・フロー計算書を作成する簡便法とがありますが，独立行政法人等の連結キャッシュ・フロー計算書は原則法によって作成することとなっています。

(2) 作成

連結キャッシュ・フロー計算書を作成する方法には，原則法と簡便法の２通りが考えられますが，現状，独立行政法人等の連結キャッシュ・フロー計算書は，簡便法（連結財務諸表から連結キャッシュ・フロー計算書を導く方法）の作成については，明確に規定されておらず，原則法によって作成することを想定していますので，ここでは，原則法についての作成方法について説明します。

① 原則法による作成

原則法は，各連結会社のキャッシュ・フロー計算書を合算して，連結キャッシュ・フロー計算書を作成する方法です。この方法は，連結会社間のキャッシュ・フロー取引を消去していく必要があるため，連結会社相互間のキャッシュ・フローを把握するため，各子会社から，該当する項目のキャッシュ・フロー金額を入手しなければならない。

キャッシュ・フローを作成する際の連結消去する際に特定関連会社より，収集すべき情報としては，連結財務諸表作成法人に対する債権債務の明細，経過勘定の明細，取引の明細等が考えられます。原則法において，連結キャッシュフロー計算書を作成する場合は，精算表を作成するのが通常です。

（精算表の例）

		特定関連会社			
	Ｐ法人	Ｓ社	合計	連結消去	連結Ｃ／Ｆ
Ⅰ 業務活動によるキャッシュ・フロー					
営　業　収　入	－	1,000	1,000	－300	700
原材料，商品又はサービスの購入による支出	－3,000	－500	－3,500	300	－3,200
人　件　費　支　出	－4,500	－2,500	－7,000		－7,000
運　営　費　交　付　金　収　入	10,000	－	10,000		10,000
…					

設例

以下の修正仕訳を認識してから，Ｐ法人の連結キャッシュフロー計算書（直接法による原則法）を作成しなさい。

① 連結会社間（Ｐ法人とＳ社）の当期売上・仕入に関するキャッシュ・フローの消去
　5,000千円

② 連結会社間（Ｐ法人とＳ社）の売掛金・買掛金の相殺消去増加額
　500千円

③ 連結会社間（P法人とS社）の有益固定資産売却に関するキャッシュ・フローの消去
   100千円
④ 連結会社間（P法人とS社）の配当金に関するキャッシュ・フローの消去
   50千円

解　答

		P法人	S社	計	連結会社間取引消去	債権債務の消去	連結会社間の固定資産取得	配当金の消去	修正合計	連結ベース
I	業務活動によるキャッシュ・フロー									
	営業収入	30,000	6,000	36,000	−5000	500			−4500	31,500
	原材料，商品又はサービスの購入による支出	(12,000)	(4,500)	(16,500)	5000	−500			4500	(12,000)
	人件費支出	(5,000)	(700)	(5,700)					0	(5,700)
	その他の業務支出	(10,000)	(500)	(10,500)					0	(10,500)
	小計	3,000	300	3,300					0	3,300
	利息及び配当金の受取額	500	0	500				−50	−50	450
	利息の支払額	(300)	(25)	(325)					0	(325)
	法人税等の支払額	(1,000)	(75)	(1,075)					0	(1,075)
	業務活動によるキャッシュ・フロー	2,200	200	2,400	0	0	0	−50	−50	2,350
II	投資活動によるキャッシュ・フロー			0					0	0
	定期預金の預入による支出	(200)	0	(200)					0	(200)
	定期預金の払戻による収入	200	0	200					0	200
	有価証券の取得による支出	(700)		(700)					0	(700)
	有形固定資産の取得による支出	(5,000)	(300)	(5,300)			100		100	(5,200)
	有形固定資産売却による収入	975	600	1,575			−100		−100	1,475
	投資活動によるキャッシュ・フロー	(4,725)	300	(4,425)	0	0	0	0	0	(4,425)
III	財務活動によるキャッシュ・フロー								0	0
	短期借入金増減	1,000	50	1,050					0	1,050
	長期借入による収入	2,500	500	3,000					0	3,000
	長期借入金の返済による支出	(1,000)	(1,000)	(2,000)					0	(2,000)
	配当金の支払額	(500)		(500)				50	50	(450)
	財務活動によるキャッシュ・フロー	2,000	(450)	1,550	0	0	0	50	50	1,600
									0	0
IV	資金に係る換算差額	0	100	100					0	100
V	資金増加額	(525)	50	(475)	0	0	0	0	0	(475)
VI	資金期首残高	1,000	300	1,300					0	1,300
VII	資金期末残高	475	450	925	0	0	0	0	0	925

(3) 表　示

独立行政法人会計基準　「第119　表示区分及び表示方法」
1　連結キャッシュ・フロー計算書の資金の範囲，表示区分及び表示方法については，「第22　キャッシュ・フロー計算書の資金」及び「第7章　キャッシュ・フロー計算書」に準

じるものとする。
2　なお，連結範囲の変動を伴う特定関連会社株式の取得又は売却に係るキャッシュ・フローは，「投資活動によるキャッシュ・フロー」の区分に独立の項目として記載する。この場合，新たに特定関連会社となった会社の資金の額は，株式の取得による支出額から控除し，特定関連会社でなくなった会社の資金の額は株式の売却による収入額から控除して記載するものとする。

国立大学法人会計基準　「第108　表示区分及び表示方法」
1　連結キャッシュ・フロー計算書の資金の範囲，表示区分及び表示方法については，「第22　キャッシュ・フロー計算書の資金」及び「第7章　キャッシュ・フロー計算書」に準じるものとする。
2　なお，連結範囲の変動を伴う特定関連会社株式の取得又は売却に係るキャッシュ・フローは，「投資活動によるキャッシュ・フロー」の区分に独立の項目として記載する。
　この場合，新たに特定関連会社となった会社の資金の額は，株式の取得による支出額から控除し，特定関連会社でなくなった会社の資金の額は株式の売却による収入額から控除して記載するものとする。

　連結キャッシュ・フローの表示については個別キャッシュ・フロー計算書に準ずるものとされています。

　なお，連結固有の項目として，連結範囲の変動を伴う特定関連会社株式の取得・売却を行う場合には，投資活動によるキャッシュ・フローの区分に独立項目として記載します。

　連結範囲の変動を伴う特定関連会社株式の取得においては，株式の取得に係る資金の支出があるものの，その特定関連会社の持っている資金はそのまま連結上の資金となるため，この部分については純額表示するものとして取得に係る支出額から控除します。また，売却においても同様に，売却に係る資金の収入があるものの，その特定関連会社の持っている資金が連結上そのまま減少するため，この部分について売却に係る収入から控除することになります。

独立行政法人Q＆A
Q119－1　会計基準「第119　表示区分及び表示方法」により，連結キャッシュ・フロー計算書の表示方法は直接法によるものと考えられるが，一般事業会社は間接法で作成していることが多く，一般事業会社に過度の事務負担をかけることにならないか。
A　連結キャッシュ・フロー計算書においては，多くの一般事業会社において間接法が採用されている実務慣行と，直接法による連結キャッシュ・フロー計算書の作成負担に鑑みて，間接法による開示も認められるものとする。

国立大学法人Q＆A
Q108－1　基準「第108　表示区分及び表示方法」により，連結キャッシュ・フロー計算書の表示方法は直接法によるものと考えられるが，一般事業会社は間接法で作成していることが多く，一般事業会社に過度の事務負担をかけることにならないか。

> A　連結キャッシュ・フロー計算書においては，多くの一般事業会社において間接法が採用されている実務慣行と，直接法による連結キャッシュ・フロー計算書の作成負担に鑑みて，間接法による開示も認められるものとする。

　また，企業会計においてはキャッシュ・フロー計算書の「営業活動によるキャッシュ・フロー」の表示方法として，主要な取引ごとに収入総額と支出総額を表示する方法（直接法）と，純利益に必要な調整項目を加減して表示する方法（間接法）とがありますが，独立行政法人等におけるキャッシュ・フロー計算書は直接法で表示するものとされています。

　しかし，一般事業会社ではそのほとんどがキャッシュ・フロー計算書を間接法で作成しているため，連結キャッシュ・フロー計算書が直接法しか認められないとすれば，直接法によるキャッシュ・フロー計算書に組替えなければならないこととなり，過度の事務負担となることから，連結キャッシュ・フロー計算書を間接法によって作成することも容認しています。

　なお，個別財務諸表は，直接法しか認められていないため，連結上間接法を採用する場合は，直接法から間接法に組替える必要があると考えられます。

企業会計参考資料

・会計制度委員会報告第8号 「連結財務諸表等におけるキャッシュ・フロー計算書の作成に関する実務指針」

【図2-22】直接法による連結キャッシュ・フロー計算書の表示（原則）

独立行政法人

Ⅰ 業務活動によるキャッシュ・フロー	
原材料，商品又はサービスの購入による支出	××××
人　件　費　支　出	××××
運　営　費　交　付　金　収　入	××××
手　数　料　収　入	××××
補　助　金　等　収　入	××××
…	
小　計	××××
利　息　及　び　配　当　金　の　受　取　額	××××
利　息　の　支　払　額	××××
…	
国　庫　納　付　金　の　支　払　額	××××
法　人　税　等　の　支　払　額	××××
業務活動によるキャッシュ・フロー	××××
Ⅱ 投資活動によるキャッシュ・フロー	
有　価　証　券　の　取　得　に　よ　る　支　出	××××
有　価　証　券　の　売　却　に　よ　る　収　入	××××
有　形　固　定　資　産　の　取　得　に　よ　る　支　出	××××
施　設　費　に　よ　る　収　入	××××
施　設　費　の　精　算　に　よ　る　返　還　金　の　支　出	××××
…	
連結の範囲の変更を伴う特定関連会社株式の取得による支出	××××
連結の範囲の変更を伴う特定関連会社株式の売却による収入	××××
…	
投資活動によるキャッシュ・フロー	××××
Ⅲ 財務活動によるキャッシュ・フロー	
短　期　借　入　に　よ　る　収　入	××××
短　期　借　入　金　の　返　済　に　よ　る　支　出	××××
…	
少　数　株　主　へ　の　配　当　金　の　支　払　額	××××
…	
財務活動によるキャッシュ・フロー	××××
Ⅳ 資　金　に　係　る　換　算　差　額	××××
Ⅴ 資　金　増　加　額（又　は　減　少　額）	××××
Ⅵ 資　金　期　首　残　高	××××
Ⅶ 資　金　期　末　残　高	××××

国立大学法人等

Ⅰ 業務活動によるキャッシュ・フロー	
原材料，商品又はサービスの購入による支出	××××
人　件　費　支　出	××××
運　営　費　交　付　金　収　入	××××
授　業　料　収　入	××××
入　学　金　収　入	××××
…	
小　計	××××
国　庫　納　付　金　の　支　払　額	××××
…	
法　人　税　等　の　支　払　額	××××
業務活動によるキャッシュ・フロー	××××
Ⅱ 投資活動によるキャッシュ・フロー	
有　価　証　券　の　取　得　に　よ　る　支　出	××××
有　価　証　券　の　売　却　に　よ　る　収　入	××××
国立大学財務・経営センターへの納付による支出	××××
連結の範囲の変更を伴う特定関連会社株式の取得による支出	××××
連結の範囲の変更を伴う特定関連会社株式の売却による収入	××××
小　計	××××
利　息　及　び　配　当　金　の　受　取　額	××××
投資活動によるキャッシュ・フロー	××××
Ⅲ 財務活動によるキャッシュ・フロー	
短　期　借　入　に　よ　る　収　入	××××
短　期　借　入　金　の　返　済　に　よ　る　支　出	××××
…	
少　数　株　主　へ　の　配　当　金　の　支　払　額	××××
…	
小　計	
利　息　の　支　払　額	××××
財務活動によるキャッシュ・フロー	××××
Ⅳ 資　金　に　係　る　換　算　差　額	××××
Ⅴ 資　金　増　加　額（又　は　減　少　額）	××××
Ⅵ 資　金　期　首　残　高	××××
Ⅶ 資　金　期　末　残　高	××××

【図2-23】間接法による連結キャッシュ・フロー計算書の表示(例外)

<table>
<tr><th colspan="2">独立行政法人</th><th colspan="2">国立大学法人等</th></tr>
<tr><td colspan="2">I 業務活動によるキャッシュ・フロー</td><td colspan="2">I 業務活動によるキャッシュ・フロー</td></tr>
<tr><td>税金等調整前当期純利益(損失)</td><td>××××</td><td>税金等調整前当期純利益</td><td>××××</td></tr>
<tr><td>減価償却費</td><td>××××</td><td>減価償却費</td><td>××××</td></tr>
<tr><td>連結調整勘定償却額</td><td>××××</td><td>連結調整勘定償却額</td><td>××××</td></tr>
<tr><td>…</td><td></td><td>…</td><td></td></tr>
<tr><td>持分法による投資利益</td><td>××××</td><td>持分法による投資利益</td><td>××××</td></tr>
<tr><td>棚卸資産の減少額</td><td>××××</td><td>棚卸資産の減少額</td><td>××××</td></tr>
<tr><td>…</td><td></td><td>…</td><td></td></tr>
<tr><td>小　計</td><td>××××</td><td>小　計</td><td>××××</td></tr>
<tr><td>利息及び配当金の受取額</td><td>××××</td><td>国庫納付金の支払額</td><td>××××</td></tr>
<tr><td>利息の支払額</td><td>××××</td><td>法人税等の支払額</td><td>××××</td></tr>
<tr><td>…</td><td></td><td>業務活動によるキャッシュ・フロー</td><td>××××</td></tr>
<tr><td>国庫納付金の支払額</td><td>××××</td><td colspan="2">II 投資活動によるキャッシュ・フロー</td></tr>
<tr><td>法人税等の支払額</td><td>××××</td><td>有価証券の取得による支出</td><td>××××</td></tr>
<tr><td>業務活動によるキャッシュ・フロー</td><td>××××</td><td>有価証券の売却による収入</td><td>××××</td></tr>
<tr><td colspan="2">II 投資活動によるキャッシュ・フロー</td><td>国立大学財務・経営センターへの納付による支出</td><td></td></tr>
<tr><td>有価証券の取得による支出</td><td>××××</td><td>…</td><td></td></tr>
<tr><td>有価証券の売却による収入</td><td>××××</td><td>連結の範囲の変更を伴う特定関連会社株式の取得による支出</td><td>××××</td></tr>
<tr><td>有形固定資産取得による支出</td><td>××××</td><td>連結の範囲の変更を伴う特定関連会社株式の売却による収入</td><td>××××</td></tr>
<tr><td>施設費による収入</td><td>××××</td><td>…</td><td></td></tr>
<tr><td>施設費の精算による返還金の支出</td><td>××××</td><td>小　計</td><td></td></tr>
<tr><td>…</td><td></td><td>利息及び配当金の受取額</td><td>××××</td></tr>
<tr><td>連結の範囲の変更を伴う特定関連会社株式の取得による支出</td><td>××××</td><td>投資活動によるキャッシュ・フロー</td><td>××××</td></tr>
<tr><td>連結の範囲の変更を伴う特定関連会社株式の売却による収入</td><td>××××</td><td colspan="2">III 財務活動によるキャッシュ・フロー</td></tr>
<tr><td>…</td><td></td><td>短期借入による収入</td><td>××××</td></tr>
<tr><td>投資活動によるキャッシュ・フロー</td><td>××××</td><td>短期借入金の返済による支出</td><td>××××</td></tr>
<tr><td colspan="2">III 財務活動によるキャッシュ・フロー</td><td>…</td><td></td></tr>
<tr><td>短期借入による収入</td><td>××××</td><td>少数株主への配当金の支払額</td><td>××××</td></tr>
<tr><td>短期借入金の返済による支出</td><td>××××</td><td>…</td><td></td></tr>
<tr><td>…</td><td></td><td>小　計</td><td></td></tr>
<tr><td>少数株主への配当金の支払額</td><td>××××</td><td>利息の支払額</td><td>××××</td></tr>
<tr><td>…</td><td></td><td>財務活動によるキャッシュ・フロー</td><td>××××</td></tr>
<tr><td>財務活動によるキャッシュ・フロー</td><td>××××</td><td>IV 資金に係る換算差額</td><td>××××</td></tr>
<tr><td>IV 資金に係る換算差額</td><td>××××</td><td>V 資金増加額(又は減少額)</td><td>××××</td></tr>
<tr><td>V 資金増加額(又は減少額)</td><td>××××</td><td>VI 資金期首残高</td><td>××××</td></tr>
<tr><td>VI 資金期首残高</td><td>××××</td><td>VII 資金期末残高</td><td>××××</td></tr>
<tr><td>VII 資金期末残高</td><td>××××</td><td></td><td></td></tr>
</table>

第5節　連結剰余金計算書作成基準

(1) 基本原則

独立行政法人会計基準　「第120　連結剰余金計算書作成の基本原則」
1　連結貸借対照表に示される連結剰余金については，その増減を示す連結剰余金計算書を作成する。
2　連結剰余金の増減は，独立行政法人及び特定関連会社の損益計算書及び利益処分に係る金額を基礎とし，連結法人相互間の配当に係る取引を消去して計算する。
3　独立行政法人及び特定関連会社の利益処分については，連結会計期間において確定した利益処分を基礎として連結決算を行う方法による。

国立大学法人会計基準　「第109　連結剰余金計算書作成の基本原則」
1　連結貸借対照表に示される連結剰余金については，その増減を示す連結剰余金計算書を作成する。
2　連結剰余金の増減は，国立大学法人等及び特定関連会社の損益計算書及び利益処分に係る金額を基礎とし，連結法人相互間の配当に係る取引を消去して計算する。
3　国立大学法人等及び特定関連会社の利益処分については，連結会計期間において確定した利益処分を基礎として連結決算を行う方法による。

　連結剰余金計算書は連結剰余金の増減を示す書類で，連結法人の損益計算書及び利益処分または損失処理にかかる金額を基礎として作成します。また，連結法人間に株式等の所有関係があり，利益配当を行っている場合には，その支払配当金と受取配当金は連結間取引ですから相殺消去します。
　また，一般事業会社では利益処分は決算確定後，株主総会等で承認されて確定するものですが，その案は決算時点で作成されており，利益処分案（または損失処理案）として決算書に添付されています。そこで連結剰余金計算書にこの利益処分案を取り込むことになるかが問題となりますが，連結剰余金計算書には確定した利益処分を基礎とするということになっていますので，たとえば3月末決算の特定関連会社の利益処分については，前年の5月または6月の株主総会決議されたものを取り込むということになります。

【図 2 −24】確定決算主義

(1) 利益処分確定方式（独立行政法人等）

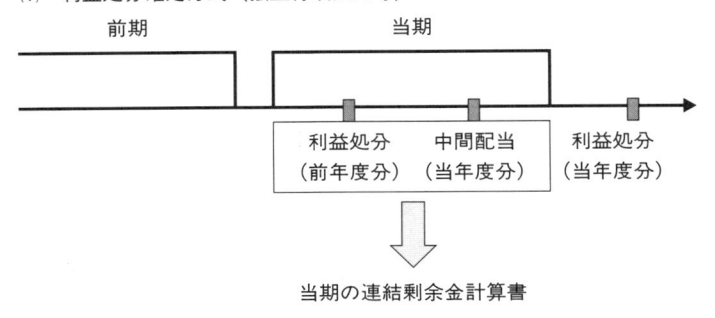

前期　　　　当期

利益処分　　中間配当　　利益処分
（前年度分）（当年度分）（当年度分）

　　↓

当期の連結剰余金計算書

(2) 利益処分繰上方式

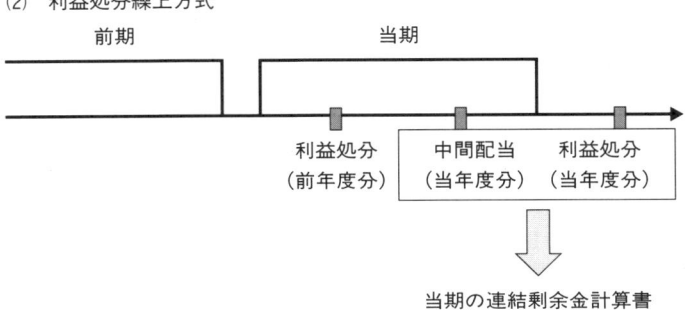

前期　　　　当期

利益処分　　中間配当　　利益処分
（前年度分）（当年度分）（当年度分）

　　↓

当期の連結剰余金計算書

(2) 表　示

独立行政法人会計基準　「第121　表示方法」
1　連結剰余金計算書は，連結剰余金期首残高，連結剰余金増加高，連結剰余金減少高及び当期総利益を示して，連結剰余金期末残高を表示しなければならない。
2　連結剰余金減少高は，国庫納付及び役員賞与に区分して記載するものとする。

国立大学法人会計基準　「第110　表示方法」
1　連結剰余金計算書は，連結剰余金期首残高，連結剰余金増加高，連結剰余金減少高及び当期総利益を示して，連結剰余金期末残高を表示しなければならない。
2　連結剰余金減少高は，国庫納付及び役員賞与に区分して記載するものとする。

　連結剰余金決算書は，連結剰余金期首残高，連結剰余金増加高,連結剰余金減少高及び当期総利益を示して，連結剰余金期末残高を表示すればよく，企業会計との違いはありません。しかしながら，連結剰余金減少額については国庫納付と役員賞与は，区分表示しなければならないと規定されており，企業会計との違いが生じております。

〈国庫納付について〉

　国庫納付について，独立行政法人等において，中期目標期間の最終事業年度において，「国庫納付金計算書」を作成しなければなりません。

　中期計画期間終了時に利益剰余金が存在する場合には，個別法において国庫納付金に関する規定が具体的に定められております。（例えば，半額を積立て，次期中期目標期間繰越額とし，残りの半額を国庫納付する等）

　そのため，連結剰余金計算書について，国庫納付について，独立行政法人等においては，財務諸表の規程を受けて，表示上も区分されるものと考えられます。

【図2-25】連結剰余金計算書における表示

独立行政法人	国立大学法人等
連結剰余金計算書	連結剰余金計算書
Ⅰ　連結剰余金期首残高	Ⅰ　連結剰余金期首残高
Ⅱ　連結剰余金増加高 　　持分法適用会社の増加に伴う連結剰余金増加高 　　…	Ⅱ　連結剰余金増加高 　　持分法適用会社の増加に伴う連結剰余金増加高 　　…
Ⅲ　連結剰余金減少高 　　国庫納付金 　　…	Ⅲ　連結剰余金減少高 　　国庫納付金 　　…
Ⅳ　当期総利益	Ⅳ　当期総利益
Ⅴ　連結剰余金期末残高	Ⅴ　連結剰余金期末残高

第6節　関連公益法人等

(1)　情報開示

> **独立行政法人会計基準　「第122　関連公益法人等の情報開示」**
> 　関連公益法人等については，独立行政法人との出えん，人事，資金，技術，取引等の関係を「第7節　連結財務諸表の附属明細書，連結セグメント情報及び注記」に定めるところにより開示するものとする。(注83)

> **〈注83〉関連公益法人等について**
> 　独立行政法人と関連公益法人等との間には資本関係が存在しないが，独立行政法人を通じて公的な資金が供給されている場合も多いことから，公的な会計主体である独立行政法人は関連公益法人等との関係を開示し説明する責任を有している。

> **国立大学法人会計基準 「第111 関連公益法人等の情報開示」**
> 　関連公益法人等については，国立大学法人等との出えん，人事，資金，技術，取引等の関係を「第7節　連結財務諸表の附属明細書，連結セグメント情報及び注記」に定めるところにより開示するものとする。（注68）

> **〈注68〉関連公益法人等について**
> 　国立大学法人等と関連公益法人等との間には資本関係が存在しないが，国立大学法人等を通じて公的な資金が供給されている場合も多いことから，公的な会計主体である国立大学法人等は関連公益法人等との関係を開示し説明する責任を有している。

　関連公益法人等については必ずしも資本関係が存在しませんが，独立行政法人等を通じて公的な資金が供給されているケースも多いことから，連結法人集団の公的資金についての説明という意味で連結財務諸表に人事，資金，技術，取引等の関係を情報開示することとされています。

　具体的に記載すべき事項は，独立行政法人会計基準では第124，国立大学法人会計基準では第113に記載されている以下の項目となります。

〔連結附属明細書〕

① 概要
- 名称，業務の概要，独立行政法人等との関係及び役員の氏名
- 独立行政法人等との取引関連図

② 財務状況
- 当該年度の資産，負債，正味財産の額，当期収入合計額，当期支出合計額，当期収支差額

③ 基本財産等の状況
- 基本財産に対する出えん，拠出，寄附等の明細ならびに関連公益法人の運営費，事業費等に当てるため負担した会費，負担金等の明細

④ 取引の状況
- 債権債務明細
- 債務保証の明細
- 事業収入の金額と，独立行政法人等の発注等に係る金額及びその割合

(2) 範　囲

> **独立行政法人会計基準 「第123 関連公益法人等の範囲」**
> 1　関連公益法人等とは，独立行政法人が出えん，人事，資金，技術，取引等の関係を通じて，財務及び事業運営の方針決定に対して重要な影響を与えることができるか又は独立行政法人との取引を通じて公的な資金が供給されており，独立行政法人の財務情報として，

重要な関係を有する当該公益法人等をいう。(注84)
2 次の場合には，公益法人等の財務及び事業運営の方針決定に重要な影響を与えることができないことが明らかに示されない限り，当該公益法人等は関連公益法人等に該当するものとする。
　(1) 理事等のうち，独立行政法人の役職員経験者の占める割合が三分の一以上である公益法人等
　(2) 事業収入に占める独立行政法人との取引に係る額が三分の一以上である公益法人等
　(3) 基本財産の五分の一以上を独立行政法人が出えんしている財団法人
　(4) 会費，寄附等の負担額の五分の一以上を独立行政法人が負担している公益法人等
3 関連公益法人等の特定関連会社又は関連会社である会社は関連公益法人等とみなすものとする。
4 次に掲げる場合は，関連公益法人等に該当しないものとすることができる。
　(1) 独立行政法人の役職員の福利厚生を目的として設立されている公益法人等であって，上記2(2)に該当しない場合
　(2) 独立行政法人が交付する助成金等の収入が事業収入の三分の一を占めることにより，上記2(2)に該当することとなるが，上記2の(1)，(3)及び(4)に該当しない公益法人等であって，当該助成金等が，独立行政法人の審査に付された上で，継続的，恒常的でない形態で交付される場合

〈注84〉公益法人等の範囲について
　公益法人等とは，財団法人，社団法人のほか，社会福祉法人，特定非営利活動法人，技術研究組合等の法人も含まれる。

国立大学法人会計基準 「第112 関連公益法人等の範囲」
1 関連公益法人等とは，国立大学法人等が出えん，人事，資金，技術，取引等の関係を通じて，財務及び事業運営の方針決定に対して重要な影響を与えることができるか又は国立大学法人等との取引を通じて公的な資金が供給されており，国立大学法人等の財務情報として，重要な関係を有する当該公益法人等をいう。(注69)
2 次の場合には，公益法人等の財務及び事業運営の方針決定に重要な影響を与えることができないことが明らかに示されない限り，当該公益法人等は関連公益法人等に該当するものとする。
　(1) 理事等のうち，国立大学法人等の役員又は教職員経験者の占める割合が三分の一以上である公益法人等
　(2) 事業収入に占める国立大学法人等との取引に係る額が三分の一以上である公益法人等
　(3) 基本財産の五分の一以上を国立大学法人等が出えんしている財団法人
　(4) 会費，寄附等の負担額の五分の一以上を国立大学法人等が負担している公益法人等
3 関連公益法人等の特定関連会社又は関連会社である会社は関連公益法人等とみなすものとする。
4 次に掲げる場合は，関連公益法人等に該当しないものとすることができる。
　(1) 国立大学法人等の役員及び教職員の福利厚生を目的として設立されている公益法人等であって，上記2(2)に該当しない場合
　(2) 国立大学法人等が交付する助成金等の収入が事業収入の三分の一を占めることにより，上記2(2)が該当することとなるが，上記2の(1)，(3)及び(4)に該当しない公益法人等であって，当該助成金等が，国立大学法人等の審査に付された上で，継続的，恒常的でない形態で交付される場合

> **〈注69〉関連公益法人等について**
> 　公益法人等とは，財団法人，社団法人のほか，社会福祉法人，特定非営利活動法人，技術研究組合等の法人も含まれる。

> **独立行政法人Q＆A**
> Q123－2　注解84の「公益法人等とは，財団法人，社団法人のほか，社会福祉法人，特定非営利活動法人，技術研究組合等の」にある等には他にどのような法人が想定されているのか。
> A　現行の制度上は，例えば中間法人などが想定される。

> **国立大学法人Q＆A**
> Q112－2　注解69の「公益法人等とは，財団法人，社団法人のほか，社会福祉法人，特定非営利活動法人，技術研究組合等」にある等には他にどのような法人が想定されているのか。
> A　現行の制度上は，例えば中間法人等が想定される。

　関連公益法人等とは，独立行政法人等が人事，資金，技術，取引等を通じて方針決定に重要な影響を与えるか，取引を通じて公的資金が供給されている重要な関係を有する公益法人等をいいます。この公益法人等には，財団法人，社団法人，社会福祉法人，特定非営利活動法人，技術研究組合や中間法人も含まれます。

　独立行政法人等で，「役職員」と「役員または教職員」という用語の違いがあるものの，規定の内容は同じであり，具体的に重要な関係と言える要件は以下のようになっています。
　①　理事等のうち独立行政法人等の役職員等経験者が3分の1以上
　②　事業収入に占める独立行政法人等との取引額が3分の1以上
　③　基本財産の5分の1以上を出えんしている
　④　会費，寄附金等の負担額の5分の1以上を負担している
　⑤　関連公益法人等の特定関連会社または関連会社

次に掲げる場合は，関連公益法人等に該当しないものとすることができます
(1)　役職員の福利厚生を目的として設立されている公益法人等であって，上記②に該当しない場合
(2)　交付する助成金等の収入が事業収入の三分の一を占めることにより，上記②に該当することとなるが，①，③，④に該当しない公益法人であって，当該助成金等が，独立行政法人の審査に付された上で，継続的，恒常的でない形態で交付される場合

第❷章　連結財務諸表の作成　79

> **独立行政法人Q＆A**
> Q123－1　会計基準第123第2項(1)における，独立行政法人の役職員経験者とは，過去に一度でも役職員を経験した者と解してよいか。もしくは，過去のどの時点までの役職員の経験を含めるのか。
> A1　会計基準第123第2項(1)に定める「独立行政法人の役職員経験者」とは，独立行政法人設立に際し，権利義務を承継した特殊法人等での役職員経験者を含む概念である。
> 　2　同基準は公益法人が独立行政法人に対して重要な影響を受けるか否かの判断要素としての基準であるため，相当期間前に独立行政法人に役職員であった以降役職員でない場合には，該当しないとの解釈も妥当性があるものと考えるが，他方，国民ニーズとは無関係な自己増殖を防止することや，徹底的な情報開示を行うことは，独立行政法人制度の基本的な枠組みの一つでありこれらの要請も考慮することが必要となる。
> 　3　具体的な運用基準としては，国，地方公共団体又は他の特殊法人等からの出向により独立行政法人での勤務経験がある者であって，当該独立行政法人での役職が課長相当職以下であった者については，独立行政法人での役職員経験者には含めない取扱いとすることも合理的と考えられる。

> **国立大学法人Q＆A**
> Q112－1　基準第112第2項(1)における，国立大学法人等の役員又は教職員経験者とは，過去に一度でも役員又は教職員を経験した者と解してよいか。もしくは，過去のどの時点までの役員又は教職員の経験を含めるのか。
> A1　基準第112第2項(1)に定める「国立大学法人等の役員又は教職員経験者」とは，国立大学法人等設立に際し，権利義務を承継した国立大学等での役員又は教職員経験者を含む概念である。
> 　2　同基準は公益法人が国立大学法人等に対して重要な影響を受けるか否かの判断要素としての基準であるため，相当期間前に国立大学法人等に役員又は教職員であった以降役員又は教職員でない場合には，該当しないとの解釈も妥当性があるものと考えるが，他方，国民ニーズとは無関係な自己増殖を防止することや，徹底的な情報開示を行うことは，国立大学法人制度の基本的な枠組みの一つでありこれらの要請も考慮することが必要となる。
> 　3　具体的な運用基準としては，国，地方公共団体又は他の特殊法人等からの出向により国立大学法人等での勤務経験がある者であって，当該国立大学法人等での役職が課長相当職以下であった者については，国立大学法人等での役員又は教職員経験者には含めない取扱いとする。

　ここで，要件①の役職員等経験者についてですが，独立行政法人制度の目的とする国民に対する徹底した情報開示の要請からすると，移行前の特殊法人等において役職員等を経験した者も含むことが考えられますが，運営に関する重要な影響を与えうるかとの観点において，独立行政法人等での役職が課長相当以下であったものについては，独立行政法人等での役職員等経験者には含めないとすることも妥当とされています。

> **独立行政法人Q＆A**
> Q123－3　第123における関連公益法人等に該当するか否かは，各年度末で判断するのか。
> 　また，2(2)における「事業収入に占める取引の額が3分の1以上」であるかどうかは公

益法人等の決算が終了してからでなければ判断できず，6月末までに主務大臣に決算書類を提出することができなくなるが，どうするのか。

A 1 　原則として，日本公認会計士協会監査委員会報告第52号「連結の範囲及び持分法の適用範囲に関する重要性の原則の適用に係る監査上の取扱い」を援用して判断することが適当である。すなわち，関連公益法人等に該当するか否かの判断にあたって「事業収入に占める独立行政法人との取引に係る額が3分の1以上」であるかは，連結財務諸表作成会計期間と同時期の各公益法人等の事業年度に係る損益計算書によるものとする。ただし，公益法人等の事業年度の末日が連結決算日と異なる場合においてその差異が3か月を超えないときは，当該公益法人等の事業収入の額は，当該事業年度に係るものによることができる。仮に前事業年度の決算数値を用いた場合，当事業年度において取引額が増加した場合や新規設立が反映されなくなり，適切ではないことになる。

　　 2 　このように，関連公益法人等の判定にあたっては同時期の取引金額により行うことになるが，公益法人等側の決算完了時期との関係から，独立行政法人の決算の主務大臣提出に間に合わない場合には前事業年度の実績により判断することもやむを得ないものと考える。前事業年度の実績により判断した場合には，その旨を附属明細書に記載することが必要である。

　　 3 　なお，当該事業年度における公益法人等と独立行政法人との取引額は独立行政法人において把握が可能であり，公益法人の事業収入について仮決算額等を入手する等の方法により，関連公益法人等に該当するかどうかの判断も可能であり，公益法人等にも協力を要請すること等により，できる限り当該年度の実績により判断することが要請される。

国立大学法人Q&A

Q112-3 　第112における関連公益法人等に該当するか否かは，各年度末で判断するのか。また，2(2)における「事業収入に占める取引の額が3分の1以上」であるかどうかは公益法人等の決算が終了してからでなければ判断できず，6月末までに文部科学大臣に決算書類を提出することができなくなるが，どうするのか。

A 1 　原則として，日本公認会計士協会監査委員会報告第52号「連結の範囲及び持分法の適用範囲に関する重要性の原則の適用に係る監査上の取扱い」を援用して判断することが適当である。すなわち，関連公益法人等に該当するか否かの判断にあたって「事業収入に占める国立大学法人等との取引に係る額が3分の1以上」であるかは，連結財務諸表作成会計期間と同時期の各公益法人等の事業年度に係る損益計算書によるものとする。ただし，公益法人等の事業年度の末日が連結決算日と異なる場合においてその差異が3か月を超えないときは，当該公益法人等の事業収入の額は，当該事業年度に係るものによることができる。仮に前事業年度の決算数値を用いた場合，当事業年度において取引額が増加した場合や新規設立が反映されなくなり，適切ではないことになる。

　　 2 　このように，関連公益法人等の判定にあたっては同時期の取引金額により行うことになるが，公益法人等側の決算完了時期との関係から，国立大学法人等の決算の文部科学大臣提出に間に合わない場合には前事業年度の実績により判断することもやむを得ないものと考える。前事業年度の実績により判断した場合には，その旨を附属明細書に記載することが必要である。

　　 3 　なお，当該事業年度における公益法人等と国立大学法人等との取引額は国立大学法人等において把握が可能であり，公益法人の事業収入について仮決算額等を入手する等の方法により，関連公益法人等に該当するかどうかの判断も可能であり，公益法人等にも協力を要請すること等により，できる限り当該年度の実績により判断することが要請される。

　要件②の取引額についても指針があります。原則として，その取引額の判定は連結財務

諸表作成会計期間と同時期の損益計算書によって判断することになりますが、関連公益法人の決算期が連結決算日と異なり、その差異が3ヶ月を超えない場合には当該事業年度のものによることもできます。ただし、その間に重要な取引が発生するなどした場合には調整することが必要と考えます。

また、公益法人等の決算日が連結決算日と一致していたとしても、決算完了時期との関係から、連結財務諸表作成の時期に間に合わないこともありえますが、この場合はその旨を附属明細書に記載した上で前事業年度の実績により判断することもやむを得ないものとされています。

なお、当該公益法人等と独立行政法人等との取引額は、通常独立行政法人等側で把握が可能であり、公益法人等の事業収入について仮決算額を入手すれば、関連公益法人等に該当するかの検討が可能です。事前にこのような要請をしておき、できるだけ早期に、その年度の実績が反映できる状況にしておくことが望まれます。

【図2－26】関連公益法人等との取引額

関連公益法人等	以下の場合は関連公益法人等に該当する。（例外規定あり） ・理事等のうち、独立行政法人等の役職員経験者の占める割合が三分の一以上である公益法人等 ・事業収入に占める独立行政法人等との取引に係る額が三分の一以上である公益法人等 ・基本財産の五分の一以上を独立行政法人等が出えんしている財団法人 ・会費、寄附等の負担額の五分の一以上を独立行政法人等が負担している公益法人等 ・関連公益法人等の特定関連会社又は関連会社 ※公益法人等＝財団法人、社団法人、社会福祉法人、特定非営利活動法人、技術研究組合等	連結せず附属明細書で開示するのみ

連結B/S、連結P/Lの補足

連結附属明細書の記載事項

(1) 特定関連会社、関連会社及び関連公益法人等の概要
　ア　名称、業務の概要、国立大学法人との関係、役員の氏名
　イ　独立行政法人等との取引の関連図
(2) 特定関連会社、関連会社、関連公益法人の財務状況
　ア　特定関連会社、関連会社の資産、負債、資本、剰余金の額、営業収入、経常損益、当期損益、当期未処分利益金又は当期損失金の額
　イ　関連公益法人のB/Sに計上されている資産、負債、正味財産の額、収支計算書に計上されている当期収入計上額、当期支出合計額、当期収支差額

(3) 特定関連会社、関連会社株式及び、関連公益法人等の基本財産の状況
　ア　独立行政法人等が保有する特定関連会社及び関連会社の所有株式数、取得価額、貸借対照額計上額
　イ　関連公益法人等の基本財産に対する出えん、拠出、寄附等の明細、関連公益法人の運営費・事業費等に充てるため当該事業年度において負担した会費、負担金等の明細
(4) 特定公益法人、関連会社及び関連公益法人等との取引の状況
　ア　特定関連会社、関連会社及び関連公益法人に対する債権債務の明細
　イ　独立行政法人等が行っている関連会社及び関連公益法人に対する債務保証の明細
　ウ　特定関連会社及び関連会社の総売上高並びに関連公益法人等の事業収入の金額とこれらのうち独立行政法人等の発注等に係る金額とその割合

第7節　連結財務諸表の附属明細書・セグメント情報・注記事項

(1) 附属明細書

> **独立行政法人会計基準　「第124　連結財務諸表の附属明細書」**
> 　独立行政法人は、連結貸借対照表及び連結損益計算書等の内容を補足するため、附属明細書を作成しなければならない。なお、附属明細書は、「第78　附属明細書」に準じるほか、次の事項を明らかにしなければならない。
> (1) 特定関連会社、関連会社及び関連公益法人等の概要
> 　ア　名称、業務の概要、独立行政法人との関係及び役員の氏名（独立行政法人（独立行政法人設立に際し、権利義務を承継した特殊法人等を含む。以下同じ。）の役職員経験者については、独立行政法人での最終職名を含む。）
> 　イ　特定関連会社、関連会社及び関連公益法人等と独立行政法人の取引の関連図
> (2) 特定関連会社、関連会社及び関連公益法人等の財務状況
> 　ア　特定関連会社及び関連会社の当該事業年度の、資産、負債、資本金及び剰余金の額、並びに営業収入、経常損益、当期損益及び当期未処分利益又は当期未処理損失の額
> 　イ　関連公益法人等の当該事業年度の、貸借対照表に計上されている資産、負債及び正味財産の額、並びに収支計算書に計上されている当期収入合計額、当期支出合計額及び当期収支差額
> (3) 特定関連会社及び関連会社株式並びに関連公益法人等の基本財産等の状況
> 　ア　独立行政法人が保有する特定関連会社及び関連会社の株式について、所有株式数、取得価額及び貸借対照表計上額（前事業年度末からの増加額及び減少額を含む。）
> 　イ　関連公益法人等の基本財産に対する出えん、拠出、寄附等の明細並びに関連公益法人の運営費、事業費等に充てるため当該事業年度において負担した会費、負担金等の明細
> (4) 特定関連会社、関連会社及び関連公益法人等との取引の状況
> 　ア　特定関連会社、関連会社及び関連公益法人等に対する債権債務の明細
> 　イ　独立行政法人が行っている関連会社及び関連公益法人等に対する債務保証の明細
> 　ウ　特定関連会社及び関連会社の総売上高並びに関連公益法人等の事業収入の金額とこれらのうち独立行政法人の発注等に係る金額及びその割合

> **国立大学法人会計基準　「第113　連結財務諸表の附属明細書」**
> 　国立大学法人等は、連結貸借対照表及び連結損益計算書等の内容を補足するため、附属明細書を作成しなければならない。なお、附属明細書は、「第75　附属明細書」に準じるほか、次の事項を明らかにしなければならない。
> (1) 特定関連会社、関連会社及び関連公益法人等の概要
> 　ア　名称、業務の概要、国立大学法人等との関係及び役員の氏名（国立大学法人等（国立大学法人等設立に際し、権利義務を承継した国立大学等を含む。以下同じ。）の役員又は教職員経験者については、国立大学法人等での最終職名を含む。）
> 　イ　特定関連会社、関連会社及び関連公益法人等と国立大学法人等の取引の関連図
> (2) 特定関連会社、関連会社及び関連公益法人等の財務状況
> 　ア　特定関連会社及び関連会社の当該事業年度の、資産、負債、資本金及び剰余金の額、並びに営業収入、経常損益、当期損益及び当期未処分利益又は当期損失の額
> 　イ　関連公益法人等の当該事業年度の、貸借対照表に計上されている資産、負債及び正味財産の額、並びに収支計算書に計上されている当期収入合計額、当期支出合計額及び当期収支差額

(3) 特定関連会社及び関連会社株式並びに関連公益法人等の基本財産等の状況
　ア　国立大学法人等が保有する特定関連会社及び関連会社の株式について，所有株式数，取得価額及び貸借対照表計上額（前事業年度末からの増加額及び減少額を含む。）
　イ　関連公益法人等の基本財産に対する出えん，拠出，寄附等の明細並びに関連公益法人の運営費，事業費等に充てるため当該事業年度において負担した会費，負担金等の明細
(4) 特定関連会社，関連会社及び関連公益法人等との取引の状況
　ア　特定関連会社，関連会社及び関連公益法人等に対する債権債務の明細
　イ　国立大学法人等が行っている関連会社及び関連公益法人等に対する債務保証の明細
　ウ　特定関連会社及び関連会社の総売上高並びに関連公益法人等の事業収入の金額とこれらのうち国立大学法人等の発注等に係る金額及びその割合

　連結財務諸表で作成する附属明細書は，独立行政法人会計基準第78または国立大学法人会計基準第75に準じるほか，ここに記載した事項を記載することとなっており，個別財務諸表の附属明細書の規定を参照する必要があります。

独立行政法人会計基準　「第78　附属明細書」

　独立行政法人は，貸借対照表及び損益計算書等の内容を補足するため，次の事項を明らかにした附属明細書を作成しなければならない。（注53）
(1) 固定資産の取得及び処分並びに減価償却費（「第86　特定の償却資産の減価に係る会計処理」による損益外減価償却相当額も含む。）の明細
(2) たな卸資産の明細
(3) 有価証券の明細
(4) 長期貸付金の明細
(5) 長期借入金及び（何）債券の明細
(6) 引当金の明細
(7) 法令に基づく引当金等の明細
(8) 保証債務の明細
(9) 資本金及び資本剰余金の明細
(10) 積立金等の明細及び目的積立金の取崩しの明細
(11) 運営費交付金債務及び運営費交付金収益の明細
(12) 国等からの財源措置の明細
(13) 役員及び職員の給与の明細
(14) 開示すべきセグメント情報
(15) 上記以外の主な資産，負債，費用及び収益の明細

〈注53〉附属明細書による開示について

1　安定供給を確保する目的で保有する備蓄資産については，備蓄量，貸借対照表価額及び時価を明らかにしなければならない。
2　セグメント情報との関係，国民に対する情報開示等の観点から，独立行政法人が実施する業務の目的ごとに固定資産をグルーピングして表示することが適切な場合は，業務の目的ごとに固定資産の状況を明らかにしなければならない。
3　有価証券については，流動資産に計上した有価証券と投資有価証券を区分し，さらに売買目的有価証券，満期保有目的の債券，関係会社株式及びその他有価証券に区分して記載するほか，その他の関係会社有価証券を保有する場合は当該有価証券は区分して記載しなければならない。

4 長期貸付金については，関係法人長期貸付金とその他の貸付金に区分して記載しなければならない。
5 債務保証基金等，他の資産と区分して運用することが，当該資金を拠出（出資，出えんを含む。）した者から要請されている特定の運用資産については，当該資産の運用状況を明らかにしなければならない。
6 引当金の明細において，資産の控除項目として計上される引当金については，当該資産の総額との関係を明らかにしなければならない。

国立大学法人会計基準 「第75 附属明細書」
　国立大学法人等は，貸借対照表及び損益計算書等の内容を補足するため，次の事項を明らかにした附属明細書を作成しなければならない。（注46）
(1) 固定資産の取得及び処分並びに減価償却費（「第83 特定の償却資産の減価に係る会計処理」による損益外減価償却相当額も含む。）の明細
(2) たな卸資産の明細
(3) 無償使用国有財産の明細
(4) PFIの明細
(5) 有価証券の明細
(6) 出資金の明細
(7) 長期貸付金の明細
(8) 長期借入金の明細
(9) 国立大学法人等債の明細
(10) 引当金の明細
(11) 保証債務の明細
(12) 資本金及び資本剰余金の明細
(13) 積立金等の明細及び目的積立金の取崩しの明細
(14) 業務費及び一般管理費の明細
(15) 運営費交付金債務及び運営費交付金収益の明細
(16) 国等からの財源措置の明細
(17) 役員及び教職員の給与の明細
(18) 開示すべきセグメント情報
(19) 寄附金の明細
(20) 受託研究の明細
(21) 共同研究の明細
(22) 受託事業等の明細
(23) 上記以外の主な資産，負債，費用及び収益の明細

〈注46〉附属明細書による開示について
1 セグメント情報との関係，国民に対する情報開示等の観点から，国立大学法人等が実施する業務の目的ごとに固定資産をグルーピングして表示することが適切な場合は，業務の目的ごとに固定資産の状況を明らかにしなければならない。
2 有価証券については，流動資産に計上した有価証券と投資有価証券を区分し，さらに売買目的有価証券，満期保有目的の債券，関係会社株式及びその他有価証券に区分して記載するほか，その他の関係会社有価証券を保有する場合は当該有価証券は区分して記載しなければならない。
3 長期貸付金については，関係法人長期貸付金とその他の貸付金に区分して記載しなければならない。

4 引当金の明細において，資産の控除項目として計上される引当金については，当該資産の総額との関係を明らかにしなければならない。

したがって該当がある限り，独立行政法人においては15＋4＝19項目，国立大学法人等においては23＋4＝27項目の記載が必要となることになります。

〈独立行政法人等の連結財務諸表の附属明細書の表示例〉
Ⅰ　連結固有の附属明細書の表示について
(1)　子会社，関連会社及び関連公益法人等の概要
ア　名称，業務の概要，独立行政法人との関係及び役員の氏名
　① 子会社及び関連会社

会社名	業務概要	当法人との関係	役員（平成16年○月○日）		
			役職	氏名	当法人での最終職名
○○株式会社		子会社	代表取締役	○○	副総裁
○○株式会社		関連会社	取締役	○○	理事

　② 関連公益法人

会社名	業務概要	当法人との関係	役員（平成16年○月○日）		
			役職	氏名	当法人での最終職名
財団法人○○		関連公益法人	理事長	○○	なし
社団法人○○		関連公益法人	理事長	○○	事業部長

イ　特定関連会社，関連会社及び関連公益法人等と独立行政法人の取引の関連図

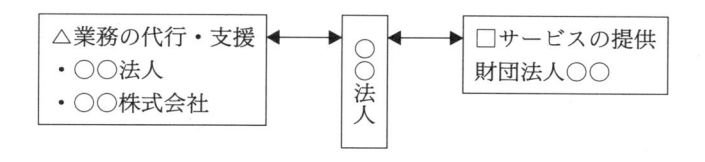

```
┌─────────────────┐       ┌──┐       ┌──────────┐
│△業務の代行・支援│       │○│       │□サービスの提供│
│・○○法人        │◄─────►│○│◄─────►│財団法人○○    │
│・○○株式会社    │       │法│       │                │
└─────────────────┘       │人│       └──────────┘
                          └──┘
```

(2)　特定関連会社，関連会社及び関連公益法人等の財務状況
ア　特定関連会社及び関連会社の状況
　① 特定関連会社

（単位：百万円）

会社名	総資産	負債	資本金	利益剰余金	営業収入	経常利益	当期利益	当期未処分利益
○○㈱	100	40	50	10	158	40	10	5

② 関連会社

(単位：百万円)

会社名	総資産	負債	資本金	利益剰余金	営業収入	経常利益	当期利益	当期未処分利益
○○㈱	33	10	20	3	5	3	2	2

イ　関連公益法人の状況

(単位：百万円)

会社名	資産	負債	正味財産の額	当期収入合計額	当期支出合計額	当期収支差額
財団法人○○	28	20	8	25	−5	20

(3) 特定関連会社，関連会社株式及び関連公益法人等の基本財産等の状況

ア　特定関連会社及び関連会社の状況

① 特定関連会社

(単位：百万円)

会社名	所有株式数	取得価額	期首残高	増加	減少	期末残高
○○㈱	100株	400	300	200	100	400

② 関連会社

(単位：百万円)

会社名	所有株式数	取得価額	期首残高	増加	減少	期末残高
○○㈱	50株	200	100	100	100	100

(注)　評価損計上100百万円

イ　関連公益法人等の状況

(単位：百万円)

法人名	基本財産		運営費			
		うち出えん等		うち当法人負担額		
				会費	負担金	その他
㈶○○	500	20	100	25	10	31

(4) 特定関連会社，関連会社及び関連公益法人等との取引の状況

ア　特定関連会社，関連会社及び関連公益法人等に対する債権債務の明細

(単位：百万円)

	債権			債務	
	短期債権	長期債権		短期債務	長期債務
	未収金	割賦元金相当額	長期貸付金	未払金等	長期受入保証金
㈶○○	100	200	500	10	200
㈱○○	50	100	200	−	100

イ　関連会社及び関連公益法人等に対する債務保証の明細

(単位：百万円)

被保証者	保証金額	被保証債務の内容
㈶○○	1,000	借入金保証

ウ　特定関連会社及び関連会社の総売上高並びに関連公益法人等の事業収入の金額とこれらのうち独立行政法人の発注等に係る金額及び割合

①　特定関連会社及び関連会社

(単位：百万円)

会社名	売上高		
		うち当法人との取引	
		金額	割合
㈱○○	158	61	38％
㈱○○	15	1	3％

②　関連公益法人

会社名	事業収入		
		うち当法人との取引	
		金額	割合
○○	4	2	50％

II 個別財務諸表と同様の附属明細書の表示について

独立行政法人

1. 固定資産の取得及び処分並びに減価償却費（「第86 特定の償却資産の減価に係る会計処理」による損益外減価償却相当額も含む。）の明細（独1）

資産の種類	期首残高	当期増加額	当期減少額	期末残高	減価償却累計額		差引当期末残高	摘要
					当期償却額			
有形固定資産（償却費損益内） 建物								
構築物								
計								
有形固定資産（償却費損益外） 建物								
構築物								
計								
非償却資産 土地								
有形固定資産合計 建物								
構築物								
計								
無形固定資産 特許権								
借地権								
計								
投資その他の資産								
計								

（記載上の注意）
① 有形固定資産（会計基準第11に掲げられている資産）、無形固定資産（会計基準第12に掲げられている資産）、投資その他の資産（会計基準第13に掲げられている資産）について記載すること。

国立大学法人等

1. 固定資産の取得及び処分並びに減価償却費（「第83 特定の償却資産の減価に係る会計処理」による損益外減価償却相当額も含む。）の明細（国1）

（単位：千円）

資産の種類	期首残高	当期増加額	当期減額	期末残高	減価償却累計額		差引当期末残高	摘要
					当期償却額			
有形固定資産（償却費損益内） 建物								
構築物								
計								
有形固定資産（償却費損益外） 建物								
構築物								
計								
非償却資産 土地								
有形固定資産合計 建物								
構築物								
計								
無形固定資産 特許権								
借地権								
計								
その他の資産								
計								

（記載上の注意）
① 有形固定資産（基準第10に掲げられている資産）、無形固定資産（基準第11に掲げられている資

第❷章 連結財務諸表の作成

② 減価償却費が損益計算書に計上される有形固定資産各々について、基準第83の規定により減価償却費相当額が損益外となるものがあっても、基準第83の規定により減価償却費相当額について記載すること。
③ 「無形固定資産」、「投資その他の資産」について、「有形固定資産」に準じた様式により記載すること。
④ 「有形固定資産」、「無形固定資産」、「投資その他の資産」の欄には、貸借対照表に掲げられている科目の区別により記載すること。
⑤ 「期首残高」、「当期増加額」、「当期減少額」、及び「期末残高」の欄は、当該資産の取得原価によって記載すること。
⑥ 「減価償却累計額」の欄には、減価償却費を損益計算書に計上する有形固定資産にあっては減価償却累計額を、基準第83に定める特定の償却資産にあっては償却累計額を記載すること。
⑦ 期末残高及び減価償却累計額を控除した残高を、「差引当期末残高」の欄に記載すること。
⑧ 災害による廃棄、滅失等の特殊な理由による増減があった場合は、その理由及び設備等の具体的な金額を注記すること。

2. たな卸資産の明細（連2）

(単位：千円)

種類	期首残高	当期増加額			当期減少額			期末残高	摘要
		当期購入・製造・振替	その他		払出・振替	その他			
計									

(記載上の注意)
① 基準第13(5)から(12)までに掲げられている「その他」の欄のうち、たな卸資産の種類毎に記載すること。
② 「当期増加額」の欄のうち、「その他」の欄には、当期購入、当期製造又は他勘定からの振替以外の理由によるたな卸資産の増加額を記載し、増加の理由を注記すること。
③ 「当期減少額」の欄のうち、「その他」の欄には、たな卸資産の売却・利用による払出又は他勘定への振替以外の理由によるたな卸資産の減少額を記載し、減少の理由を注記すること。

---

② 減価償却費が損益計算書に計上される有形固定資産と、会計基準第86の規定により減価償却費相当額が損益外となる有形固定資産各々について記載すること。
③ 「無形固定資産」、「投資その他の資産」について、「投資その他の資産」がふくむものがある場合には、会計基準第86の規定により減価償却費相当額について様式により記載すること。
④ 「有形固定資産」、「無形固定資産」、「投資その他の資産」の欄には、貸借対照表に掲げられている科目の区別により記載すること。
⑤ 「期首残高」、「当期増加額」、「当期減少額」、及び「期末残高」の欄は、当該資産の取得原価によって記載すること。
⑥ 「減価償却累計額」の欄には、減価償却費を損益計算書に計上する有形固定資産にあっては減価償却累計額を、会計基準第86に定める特定の償却資産にあっては償却累計額を、無形固定資産及び投資その他の資産にあっては償却累計額を記載すること。
⑦ 期末残高から減価償却累計額を控除した残高を、「差引当期末残高」の欄に記載すること。
⑧ 災害による廃棄、滅失等の特殊な理由による増減があった場合は、その理由及び設備等の具体的な金額を脚注すること。

2. たな卸資産の明細（独2）

種類	期首残高	当期増加額			当期減少額			期末残高	摘要
		当期購入・製造・振替	その他		払出・振替	その他			
計									

(記載上の注意)
① 会計基準第9(5)から(10)に掲げられている「その他」の欄のうち、たな卸資産の種類毎に記載する。
② 「当期増加額」の欄のうち、「その他」の欄には、当期購入、当期製造又は他勘定からの振替以外の理由によるたな卸資産の増加額を記載し、増加の理由を注記すること。
③ 「当期減少額」の欄のうち、「その他」の欄には、たな卸資産の売却・利用による払出又は他勘定への振替以外の理由によるたな卸資産の減少額を記載し、減少の理由を注記すること。
④ 販売用不動産については、別表として記載すること。

3. 無償使用国有財産等の明細（国3）

区　分		種　別	所在地	面　積	構　造	機会費用の金額	摘　要
				(㎡)		(千円)	
土	地	校舎敷地			―		
		運動場			―		
		用水路					囲障を含む
		小　計					側溝を含む
建	物	1号館校舎					
		研究棟					
		小　計					
		小　計					
合　計							

（記載上の注意）
① 減額された使用料により賃借している国又は地方公共団体の財産についても記載すること。
② 区分欄は、貸借対照表中の固定資産の区分に従い記載すること。
③ 種別欄は、使途毎に適宜の名称を付して記載すること。
④ 機会費用の金額は、種別毎に係る機会費用に適宜の名称を付して記載すること。ただし、土地及び構築物を一式として借入している場合、当該構築物の金額は、当該構築物に係る機会費用欄に記載すること。その場合、土地及び構築物の金額は土地に一括して計上すること。その資産の種類と理由及び場合、当該構築物に係る機会費用欄に記載すること。
⑤ 災害による廃棄、滅失等の特殊な理由による減少があった場合には、その資産の種類と理由及び金額を注記すること。

4. ＰＦＩの明細（国4）

（単位：千円）

事業名	事業概要	施設所有形態	契約先	契約期間	摘　要

第❷章 連結財務諸表の作成

3. 有価証券の明細（独3）

(1) 流動資産として計上された有価証券
(単位：千円)

	銘柄及び銘柄	取得価額	時価 / 券面総額	貸借対照表計上額	当期損益に含まれた評価損益	摘要
売買目的有価証券						
	計					
満期保有目的債券	種類及び銘柄 / 取得価額		券面総額	貸借対照表計上額	当期費用に含まれた評価差額	摘要
	計					
貸借対照表計上額合計						

(2) 投資その他の資産として計上された有価証券

	種類及び銘柄	取得価額	券面総額	貸借対照表計上額	当期費用に含まれた評価差額	摘要
満期保有目的債券						
	計					
関係会社株式	銘柄	取得価額	純資産に持分割合を乗じた価額	貸借対照表計上額	当期費用に含まれた評価差額	摘要
	計					
その他有価証券	種類及び銘柄	取得価額	時価	貸借対照表計上額	その他有価証券評価差額	摘要
	計					
貸借対照表計上額合計						

5. 有価証券の明細（国5）

5-1. 流動資産として計上された有価証券
(単位：千円)

	銘柄	取得総額	時価	貸借対照表計上額	当期損益に含まれた評価損益	摘要
売買目的有価証券						
	計					
満期保有目的債券	種類及び銘柄	取得価額	券面総額	貸借対照表計上額	当期損益に含まれた評価差額	摘要
	計					
貸借対照表計上額合計						

5-2. 投資その他の資産として計上された有価証券

	種類及び銘柄	取得価額	券面総額	貸借対照表計上額	当期損益に含まれた評価差額	摘要
満期保有目的債券						
	計					
関係会社株式	銘柄	取得価額	純資産に持分割合を乗じた価額	貸借対照表計上額	当期損益に含まれた評価差額	摘要
	計					
その他有価証券	種類及び銘柄	取得価額	時価	貸借対照表計上額	その他有価証券評価差額	摘要
	計					
貸借対照表計上額合計						

4. 長期貸付金の明細（独4）

（記載上の注意）
① 基準第27に定める有価証券で貸借対照表に計上されているものについて記載すること。
② 流動資産に計上した有価証券と投資その他の資産に計上した有価証券を区分し、売買目的有価証券、満期保有目的の債券、関係会社株式及びその他有価証券に区分して記載すること。
③ 為替差損益については、当期費用に含まれた金額を（）内書で記載すること。
④ その他有価証券の「当期増減額」の欄には、会計基準第27第3項により評価減を行った場合の評価差額を記載すること。

（単位：千円）

区　分	期首残高	当期増加額	当期減少額		期末残高	摘　要
			回収額	償却額		
関係会社長期貸付金						
その他の長期貸付金						
○○貸付金						
××貸付金						
計						

（記載上の注意）
① 長期貸付金の「区分」欄は、関係会社長期貸付金とその他の長期貸付金の貸付金に区分し、更に、その他の長期貸付金については、適切な種別等に区分して記載すること。
② 長期貸付金について当期減少額がある場合には、その原因の概要を「摘要」欄に記載すること。

6. 出資金の明細（固6）

（記載上の注意）
① 基準第31に定める有価証券で貸借対照表に計上されているものについて記載すること。
② 流動資産に計上した有価証券と投資その他の資産に計上した有価証券を区分し、売買目的有価証券、満期保有目的の債券、関係会社株式及びその他有価証券に区分して記載すること。
③ 為替差損益については、当期費用に含まれた金額を（）内書で記載すること。
④ その他有価証券の「当期増減額」の欄には、基準第31第3項により評価減を行った場合の評価差額を記載すること。

（単位：千円）

会社名	主たる業務内容	期首残高	増加額	減少額	期末残高（出資比率）	摘　要
					（　　％）	
					（　　％）	
計					―	―

（記載上の注意）
① 前期末及び当期末貸借対照表に計上されている出資金について記載すること。
② 取得価額と貸借対照表計上額が異なっている場合は、理由を摘要欄に記載すること。

7. 長期貸付金の明細（固7）

（単位：千円）

区　分	期首残高	当期増加額	当期減少額		期末残高	摘　要
			回収額	償却額		
関係会社長期貸付金						
その他の長期貸付金						
○○貸付金						
××貸付金						
計						

（記載上の注意）
① 長期貸付金の「区分」欄は、関係会社長期貸付金とその他の長期貸付金の貸付金に区分し、更に、その他の長期貸付金については、適切な種別等に区分して記載すること。
② 長期貸付金について当期減少額がある場合には、その原因の概要を「摘要」欄に記載すること。

第❷章　連結財務諸表の作成　93

5. 長期借入金の明細（独5−1）

区　分	期首残高	当期増加	当期減少	期末残高	平均利率(%)	返済期限	摘　要
計							

（記載上の注意）
① 会計基準第16(5)に定める長期借入金について記載すること。
② 「平均利率」の欄は、加重平均利率を記載すること。

6. （何）債券の明細（独5−2）

銘　柄	期首残高	当期増加	当期減少	期末残高	利率(%)	償還期限	摘　要
計							

（記載上の注意）
当該独立行政法人の発行している債券（当該事業年度中に償還済となったものを含む。）について記載すること。

8. 長期借入金の明細（図8）　　　　　　　　　　　　　（単位：千円）

区　分	期首残高	当期増加	当期減少	期末残高	平均利率(%)	返済期限	摘　要
計							

（記載上の注意）
① 基準第15(6)に定める長期借入金について記載すること。
② 「平均利率」の欄は、加重平均利率を記載すること。

9. 国立大学法人等債の明細（図9）　　　　　　　　　（単位：千円）

銘　柄	期首残高	当期増加	当期減少	期末残高	利率(%)	償還期限	摘　要
計							

（記載上の注意）
当該国立大学法人等の発行している債券（当該事業年度中に償還済となったものを含む。）について記載すること。

8. 引当金の明細（独6－1）

(単位：千円)

区　分	期首残高	当期増加額	当期減少額		期末残高	摘　要
			目的使用	その他		
計						

(記載上の注意)
① 前期末及び当期末貸借対照表に計上されている引当金（貸倒引当金、退職給付引当金及び法令に基づく引当金等を除く。）について、各引当金等の科目ごとの区分により記載すること。
② 「当期減少額」の欄のうち「目的使用」の欄には、各引当金の設定目的の欄定目的毎に記載すること。
③ 「当期減少額」のうち「その他」の欄には、目的使用以外の理由による減少額を記載し、減少の理由を「摘要」欄に記載すること。

8. 貸付金等に対する貸倒引当金の明細（独6－2）

区　分	貸付金等の残高		貸倒引当金の残高			摘　要
	期首残高	当期増減額	期首残高	当期増減額	期末残高	
○○貸付金						
一般債権						
貸倒懸念債権						
破産更生債権等						
○○貸付元金						
一般債権						
貸倒懸念債権						
破産更生債権等						
計						

10－1．引当金の明細（国10）

(単位：千円)

区　分	期首残高	当期増加額	当期減少額		期末残高	摘　要
			目的使用	その他		
合　計						

(記載上の注意)
① 前期末及び当期末貸借対照表に計上されている引当金（貸倒引当金及び退職給付引当金等を除く。）について、各引当金等の科目毎の区分により記載すること。
② 「当期減少額」の欄のうち「目的使用」の欄には、各引当金の設定目的「目的使用」の欄に記載すること。
③ 「当期減少額」のうち「その他」の欄には、目的使用以外の理由による減少額を記載し、減少の理由を「摘要」欄に記載すること。

10－2．貸付金等に対する貸倒引当金の残高

(単位：千円)

区　分	貸付金等の残高		貸倒引当金の残高			摘　要
	期首残高	当期増加額	期首残高	当期増加額	期末残高	
○○貸付金						
計						

(記載上の注意)
① 「区分」欄は、貸借対照表に計上した資産の科目毎に区分して記載すること。
② 各々の貸倒見積高の算定方法を「摘要」欄に記載すること。

第❷章　連結財務諸表の作成

9. 退職給付引当金の明細（独6－3）

区　分	期首残高	当期増加額	当期減少額	期末残高	摘　要
退職給付債務合計額					
退職一時金に係る債務					
厚生年金基金に係る債務					
整理資源負担金に係る部分					
恩給負担金に係る部分					
未認識過去勤務債務及び未認識数理計算上の差異					
年金資産					
退職給付引当金					

（記載上の注意）
① 会計基準第16(7)に定める退職給付に係る引当金について記載すること。
② 退職給付債務については、会計基準第38に定める「退職一時金に係る部分」、「厚生年金基金に係る部分」、「整理資源負担金に係る部分」及び「恩給負担金に係る部分」の4つに区分して記載すること。

10. 法令に基づく引当金等の明細（独6－4）

（単位：千円）

区　分	期首残高	当期増加額	当期減少額	期末残高	摘　要
計					

（記載上の注意）
① 前期末及び当期末貸借対照表に計上されている各引当金等の科目の区分により記載すること。
② 根拠となった法令及びその引当金等の引当て及び取崩しの基準を「摘要」欄に記載すること。

（記載上の注意）
① 「区分」欄は、貸借対照表に計上した資産の科目ごとに区分し、更に、当該科目ごとに、会計基準第29に定める「一般債権」、「貸倒懸念債権」及び「破産更生債権等」の3つに区分して記載すること。
② 各々の貸倒見積高の算定方法を「摘要」欄に記載すること。

10－3. 退職給付引当金の明細

（単位：千円）

区　分	期首残高	当期増加額	当期減少額	期末残高	摘　要
退職給付債務合計額					
退職一時金に係る債務					
厚生年金基金に係る債務					
未認識過去勤務債務及び未認識数理計算上の差異					
年金資産					
退職給付引当金					

（記載上の注意）
① 基準第15(8)に定める退職給付に係る引当金について記載すること。
② 退職給付債務については、基準第35に定める「退職一時金に係る部分」及び「厚生年金基金に係る部分」の2つに区分して記載すること。

11. 保証債務の明細 (独7)

11-1. 保証債務の明細

区 分	期首残高		当期増加		当期減少		期末残高		保証料収益
	件数	金額	件数	金額	件数	金額	件数	金額	金額

(記載上の注意)
本表は、債務の保証業務を主たる業務として行う全ての独立行政法人が記載すること。

11-2. 保証債務と保証債務損失引当金との関係の明細

区 分	保証債務の残高			保証債務損失引当金の残高		摘 要
	期首残高	当期増減額	期末残高	期首残高	当期増減額	期末残高	
計							

(記載上の注意)
① 本表は、債務の保証業務を主たる業務として行う独立行政法人であって、会計基準第89により、保証債務見返の科目を計上する法人において作成すること。なお、これ以外の法人にあっては、保証債務損失引当金の明細は、「8. 引当金の明細」に記載すること。
② 本表は、「9. 貸付金等に対する貸倒引当金の明細」に準じて作成すること。

12. 資本金及び資本剰余金の明細 (独8)

区 分	期首残高	当期増加額	当期減少額	期末残高	摘 要
資本金					
資本剰余金 資本剰余金					
施設費					
運営費交付金					
補助金等					
計					

11. 保証債務の明細 (国11)

区 分	期首残高		当期増加		当期減少		期末残高		保証料収益
	件数	金額	件数	金額	件数	金額	件数	金額	金額
		(千円)		(千円)		(千円)		(千円)	(千円)

(記載上の注意)
① 本表は、債務保証を有する全ての国立大学法人等が記載すること。
② 保証債務損失引当金の明細は、(10−1) 引当金の明細に記載すること。

12. 資本金及び資本剰余金の明細 (国12)

(単位：千円)

区 分	期首残高	当期増加額	当期減少額	期末残高	摘 要
資本金					
資本剰余金 資本剰余金					
施設費					
運営費交付金					
授業料					
計					

第❷章　連結財務諸表の作成　97

	補助金等					
	寄附金等					
	目的積立金					
	計					
	損益外減価償却累計額					
	民間出えん金					
	差　引　計					

(記載上の注意)
① 資本金について当期増加額又は当期減少額がある場合には、その発生の原因の概要を「摘要」欄に記載すること。
② 資本金の「区分」欄には、政府出資金・その他の別を記載すること。
③ 資本剰余金について、その発生源泉の区分に分けて記載すること。
④ 資本剰余金について当期増加額又は当期減少額がある場合には、その発生の原因の概要を「摘要」欄に記載すること。
⑤ 資本剰余金について当期増加額があり、うち国立大学財務・経営センターからの受入相当額がある場合には、当該受入額を（　）書きで内書きすること。
⑥ 損益外減価償却累計額について当期減少額がある場合には、除却等発生の理由を「摘要」欄に記載すること。

13. 積立金等の明細及び目的積立金の取崩しの明細 (関13)

13-1. 積立金の明細

（単位：千円）

区　分	期首残高	当期増加額	当期減少額	期末残高	摘　要
計					

(記載上の注意)
① 「区分」欄は、「準用通則法第44条第1項積立金」等当該積立金の名称を記載すること。
② 「摘要」欄は、積立金の当期増減額の理由を記載すること。

	寄附金等					
	目的積立金					
	計					
	損益外減価償却累計額					
	民間出えん金					
	差　引　計					

(記載上の注意)
① 資本金について当期増加額又は当期減少額がある場合には、その発生の原因の概要を「摘要」欄に記載すること。
② 資本金の「区分」欄には、政府出資金・地方公共団体出資金・その他の別を記載すること。
③ 資本剰余金について、その発生源泉の区分に分けて記載すること。
④ 資本剰余金について当期増加額又は当期減少額がある場合には、その発生の原因の概要を「摘要」欄に記載すること。
⑤ 損益外減価償却累計額について当期減少額がある場合には、除却等発生の理由を「摘要」欄に記載すること。

13. 積立金の明細 (独9-1)

区　分	期首残高	当期増加額	当期減少額	期末残高	摘　要
計					

(記載上の注意)
① 「区分」欄は、「通則法44条1項積立金」等当該積立金の名称を記載すること。
② 「摘要」欄は、積立金の当期増減額の理由を記載すること。

14. 目的積立金の取崩しの明細（独9-2）

(単位：千円)

区　分	金　額	摘　要
目的積立金取崩額		
計		
そ の 他		
計		

(記載上の注意)
① 「目的積立金取崩額」の欄は、損益計算書に表示された目的積立金取崩額の明細となるように記載すること。
② 「区分」欄は、「○○積立金」等当該積立金の名称を記載すること。
③ 「摘要」欄は、目的積立金積立の目的となった費用の発生、資産の購入等、取崩しの理由を記載すること。
④ 「その他」の欄には、中期目標期間終了時の積立金への振替等、損益計算書に表示されない目的積立金の取崩しを記載すること。

13-2. 目的積立金の取崩しの明細

(単位：千円)

区　分	金　額	摘　要
目的積立金取崩額		
計		
そ の 他		
計		

(記載上の注意)
① 「目的積立金取崩額」の欄は、損益計算書に表示された目的積立金取崩額の明細となるように記載すること。
② 「区分」欄は、「○○積立金」等当該積立金の名称を記載すること。
③ 「摘要」欄は、目的積立金積立の目的となった費用の発生、資産の購入等、取崩しの理由を記載すること。
④ 「その他」の欄には、中期目標期間終了時の積立金への振替等、損益計算書に表示されない目的積立金の取崩しを記載すること。

14. 業務費及び一般管理費の明細（国14）

(単位：千円)

教育経費
　消耗品費　　　×××
　備品費　　　　×××
　印刷製本費　　×××
　水道光熱費　　×××
　旅費交通費　　×××
　通信運搬費　　×××
　賃借料　　　　×××
　車両燃料費　　×××
　福利厚生費　　×××
　保守費　　　　×××
　修繕費　　　　×××
　損害保険料　　×××
　広告宣伝費　　×××
　行事費　　　　×××
　諸会費　　　　×××
　会議費　　　　×××

報酬・委託・手数料	×××						
奨学費	×××						
減価償却費	×××	×××					
貸倒損失	×××						
徴収不能引当金繰入額	×××						
雑費	×××						
研究経費							
消耗品費	×××						
備品費	×××						
印刷製本費	×××						
水道光熱費	×××						
旅費交通費	×××						
通信運搬費	×××						
賃借料	×××						
車両燃料費	×××						
福利厚生費	×××						
保守費	×××						
修繕費	×××						
損害保険料	×××						
広告宣伝費	×××						
行事費	×××						
諸会費	×××						
会議費	×××	×××					
報酬・委託・手数料	×××						
減価償却費	×××						
貸倒損失	×××						
徴収不能引当金繰入額	×××						
雑費	×××	×××					
診療経費							
材料費		×××					
医薬品費	×××						
診療材料費	×××						
医療消耗器具備品費	×××						
給食用材料費	×××	×××					
委託費							
検査委託費	×××						
給食委託費	×××						
寝具委託費	×××						

		×××						×××																								×××				
																																			×××	
×××	×××	×××	×××		×××	×××	×××	×××	×××	×××	×××	×××		×××	×××	×××	×××	×××	×××	×××	×××	×××	×××	×××	×××	×××	×××	×××	×××	×××	×××	×××	×××		×××	×××
医事委託費	清掃委託費	保守委託費	その他の委託費	設備関係費	減価償却費	機器賃借料	地代家賃	修繕費	機器保守費	機器設備保険料	車両関係費	研修費	経費	消耗品費	備品費	印刷製本費	水道光熱費	旅費交通費	通信運搬費	賃借料	福利厚生費	保守費	損害保険料	広告宣伝費	行事費	諸会費	会議費	報酬・委託・手数料	奨学費	職員被服費	貸倒損失	徴収不能引当金繰入額	雑費	教育研究支援経費	消耗品費	備品費	印刷製本費

													×××	×××			×××			×××	
水道光熱費	×××																				
旅費交通費	×××																				
通信運搬費	×××																				
賃借料	×××																				
車両燃料費	×××																				
福利厚生費	×××																				
保守費	×××																				
修繕費	×××																				
損害保険料	×××																				
広告宣伝費	×××																				
行事費	×××																				
諸会費	×××																				
会議費	×××																				
報酬・委託・手数料	×××																				
減価償却費	×××																				
貸倒損失	×××																				
徴収不能引当金繰入額	×××																				
雑費	×××																				
受託研究費			×××																		
受託事業費			×××																		
役員人件費																					
報酬	×××																				
賞与	×××																				
賞与引当金繰入額	×××																				
退職給付費用	×××																				
法定福利費	×××																				
教員人件費																					
給料	×××																				
賞与	×××																				
賞与引当金繰入額	×××																				
退職給付費用	×××																				
法定福利費	×××																				
職員人件費																					
常勤職員給与																					
給料	×××																				
賞与	×××																				
賞与引当金繰入	×××																				
退職給付費用	×××																				

法定福利費	×××	
非常勤職員給与	×××	
給料	×××	
賞与	×××	
賞与引当金繰入	×××	
退職給付費用	×××	×××
法定福利費		×××
一般管理費		
消耗品費	×××	
備品費	×××	
印刷製本費	×××	
水道光熱費	×××	
旅費交通費	×××	
通信運搬費	×××	
賃借料	×××	
車両燃料費	×××	
福利厚生費	×××	
保守費	×××	
修繕費	×××	
損害保険料	×××	
広告宣伝費	×××	
行事費	×××	
諸費	×××	
会議費	×××	
報酬・委託・手数料	×××	
租税公課	×××	
減価償却費	×××	
貸倒損失	×××	
徴収不能引当金繰入額	×××	
雑費	×××	×××

(記載上の注意)
① 大項目及び中項目における金額は、損益計算書における業務費の表示科目の金額に一致する。
② 内訳科目については、必要に応じ適当な科目を追加し、また重要性の乏しい科目については合算して表示することができる。重要性の乏しい科目とは、その金額が、業務費にあっては教育経費等の目的別分類科目毎の合計額について、一般管理にあってはその合計額について百分の一を下回る科目をいう。

第❷章 連結財務諸表の作成

15. 運営費交付金債務及び運営費交付金収益の明細 (独10)

(1) 運営費交付金債務及び運営費交付金収益は多くの独立行政法人において金額的に非常に重要な項目と言えるばかりでなく、固まりから受領することから判断しても質的にも重要な項目と考えられる。

(2) しかも運営費交付金は受入時に全て負債として認識されるが、その後の振替処理は運営費交付金収益のみならず、固定資産取得原資とされた場合の他の負債への振替処理もあるように、複数の項目への振替処理が行われることになる。

(3) また、運営費交付金への振替処理は「業務の進行に応じて収益化」されるため、運営費交付金が収受されても収益化に必ずしも収益化されるわけではなく、複数年度にわたることが考えられる。さらに運営費交付金の収益化にあたっては一定の業務等と運営費交付金との対応関係が明らかにされている場合には同一年度に収受した運営費交付金であってもそれを独立行政法人の業務等の単位に区分して収益化することとなるので、収益化される時点は業務等の進行状況によって全て異なることとなる。

(4) 運営費交付金債務及び運営費交付金収益の明細は、以上のような項目の重要性とその処理の多様性から要請されている訳であるが、このため明細書の作成に当たっては多様な処理の内容について記述することが要請されることとなる。

(5) 具体的には次の内容が明細書に開示されることが必要と考える。
・運営費交付金債務の期首残高 (中期計画期間内における交付年度別)
・運営費交付金の当期交付額
・運営費交付金収益への当期振替額 (中期計画期間内における振替年度別)
・資産見返運営費交付金への振替額
・資本剰余金への振替額
・運営費交付金債務の期末残高 (中期計画期間内における交付年度別)
・運営費交付金収益の業務等区分別及び交付年度別内訳 (注:業務等の区分がされていない場合には当該内訳の記載は要しない。)

運営費交付金債務及び運営費交付金収益の明細

(1) 運営費交付金債務

交付年度	期首残高	交付当期交付金額期交付額	当期振替額				期末残高
			運営費交付金収益	資産見返運営費交付金	資本剰余金	小計	
合計							

15. 運営費交付金債務及び運営費交付金収益の明細 (国15)

15−1. 運営費交付金債務

(単位:千円)

交付年度	期首残高	交付当期交付金額期交付額	当期振替額				期末残高
			運営費交付金収益	資産見返運営費交付金	資本剰余金	小計	
合計							

(記載上の注意)
資産見返運営費交付金には、運営費交付金債務から振り替えられたもののみを記載し、授業料債務から振り替えられたものを除くこと。

15−2. 運営費交付金収益

(単位:千円)

業務等区分	X 0 年度交付分	X 1 年度交付分	X 2 年度交付分	合計
合計				

(2) 運営費交付金収益

業務等区分	X0年度交付分	X1年度交付分	X2年度交付分	合計
合　計				

なお、運営費交付金が交付されない独立行政法人においては、当該明細の作成は必要ない。

16. 運営費交付金以外の国等からの財源措置の明細 (独11)

16－1. 施設費の明細

区　分	当期交付額	左の会計処理内訳			摘　要
		建設仮勘定見返施設費	資本剰余金	その他	
計					

(記載上の注意)
① 当該交付額は、補助金等の額の確定が行われた額を記載すること（精算により国庫へ返還する金額を含まず、出納整理期間に精算交付される予定の額を含む。）。
② 「区分」欄は、補助金等の交付決定の区分ごとにその名称を記載すること。

16－2. 補助金等の明細

区　分	当期交付額	左の会計処理内訳				摘　要
		建設仮勘定見返補助金等	資産見返補助金等	資本剰余金	長期預り補助金等	収益計上	
計						

16. 運営費交付金以外の国等からの財源措置の明細 (国16)

16－1. 施設費の明細

（単位：千円）

区　分	当期交付額	左の会計処理内訳			摘　要
		建設仮勘定見返施設費	資本剰余金	その他	
計					

(記載上の注意)
① 当該交付額は、補助金等の額の確定が行われた額を記載すること（精算による国庫返還額を含まず、出納整理期間における精算交付予定額を含む。）。
② 「区分」欄は、補助金等の交付決定の区分毎にその名称を記載すること。

16－2. 補助金等の明細

（単位：千円）

区　分	当期振替額					摘　要
	建設仮勘定見返補助金等	資産見返補助金等	資本剰余金	長期預り補助金等	収益計上	
合　計						

第❷章 連結財務諸表の作成

(記載上の注意)
① 当該交付額は、補助金等の額の確定が行われた額を記載すること（精算による国庫返還額を合ます額を含む。）。
② ［区分］欄は、補助金等の交付決定の区分毎にその名称を記載すること。
③ ［摘要］欄は、補助金等の交付決定における精算支付予定額を含む。

16－3．長期預り補助金等の明細

区分	期首残高	当期増加額	当期減少額	期末残高	摘要
計					

(記載上の注意)
① 当期増加額は、［17－2．補助金等の明細］の長期預り補助金等の額と一致する。
② ［区分］欄は、補助金等の交付決定の区分毎にその名称を記載すること。
③ ［摘要］欄には、当期減少額の内訳（長期預り補助金等の内訳）を使用した経費の内容）を記載すること。

17. 役員及び職員の給与の明細 (独12)

(1) 独立行政法人において、通則法第30条第2項第3号に規定するように中期計画において人件費の見積りを定めることが求められるとともに、同法第52条、第57条、第62条及び第63条において、それぞれ役員等の報酬及び職員の給与に関する規定が設けられている。
(2) したがって、具体的には次の内容が明細書に開示されることが必要であると考える。
・法人の長、個別法に定める通則法第18条第2項の役員及び支給報酬額（退職手当含む）及び支給人員数
・職員に対する支給給額（退職手当を支給されている場合には退職手当支給人員数及び支給額を含む）及び通則法第62条（第62条において準用する場合を含む）により主務大臣に届け出られている役員等の報酬等の支給の基準についての概要
・通則法第57条により主務大臣に届け出られている職員に対する給与及び退職手当の支給の基準についての概要

(3) 独立行政法人の役員の報酬等及び職員の給与の水準について、主務大臣が総務大臣の定める様式に則って公表する事項について、明細書に併せて公表するものとする。

役員及び職員の給与の明細

(単位：千円、人)

区分	報酬又は給与		退職手当	
	支給額	支給人員	支給額	支給人員
役 員	( )	( )	( )	( )
職 員	( )	( )	( )	( )

(記載上の注意)
① 当該支付額は、補助金等の額の確定が行われた額を記載すること（精算による国庫返還額を含まず、出納整理期間における精算支付予定額を含む。）。
② ［区分］欄は、補助金等の交付決定の区分毎にその名称を記載すること。

17. 役員及び教職員の給与の明細 (国17)

国立大学法人等の役員の報酬等及び教職員の給与の水準について、文部科学大臣が総務大臣の定める様式に則って公表する事項について、明細書に併せて公表するものとする。

(単位：千円、人)

区分	報酬又は給与		退職給付	
	支給額	支給人員	支給額	支給人員
役 員	( )	( )	( )	( )
教職員	( )	( )	( )	( )
合 計	( )	( )	( )	( )

(記載上の注意)
① 役員に対する報酬等の支給の基準の概要（例：役員の報酬月額、退職手当の計算方法）並びに教職員に対する給与及び退職手当の支給の基準の概要（例：一般職国家公務員の退職手当の計算方法）を注記すること。
② 役員については期末現在の支給人員と上表の支給人員数とが相違する場合は、その旨を注記すること。
③ 支給人員数は、年間平均の役員数によることとし、人とすること。
④ 非常勤の役員又は教職員がいる場合は、外数として（ ）で記載することとし、その旨を注記すること。
⑤ 支給額、支給人員の単位は千円、人とすること。
⑥ 中期計画において損益計算書と異なる範囲で予算上の人件費が定められている場合は、その旨及び差異の内容を注記すること。

105

合　計	（　　）	（　　）	（　　）	（　　）

（記載上の注意）
① 役員に対する報酬等の支給の基準の概要（例：役員の報酬月額、役員の報酬等の支給の基準に準拠、退職手当の計算方法）並びに職員に対する給与及び退職手当の計算方法（例：一般職国家公務員に準拠、退職手当の計算方法）を脚注すること（特定独立行政法人にあっては職員に対する退職手当の支給の基準についての概要の記載は要しない）。
② 役員について期末現在の人数と上表の支給人員とが相違する場合には、その旨を脚注すること。
③ 支給人員は、年間平均支給人員数によることとし、その旨を脚注すること。
④ 非常勤の役員又は職員がいる場合、外数として（　）で記載することとし、その旨を脚注すること。
⑤ 支給額、支給人員の単位は千円、人とすること。
⑥ 中期計画において損益計算書と異なる範囲で予算上の人件費が定められている場合は、その旨及び差異の内容を脚注すること。

18．寄附金の明細（図18）

区　分	当期受入	件数	摘　要
	（千円）	（件）	
合　計			

（記載上の注意）
① 当該年度において受け入れをした寄附金収入の明細を記載すること。
② 区分は、上記（18）のセグメント区分に従い記載すること。当期受入額が70％になるまで金額が多い順に記載し、それ以外のセグメント区分についてはその他一括として一括して記載すること。セグメント情報の開示を行っていない場合は、区分の必要はない。

19．受託研究の明細（図19）

（単位：千円）

区　分	期首残高	当期受入額	受託事業等収益	期末残高
合　計				

第❷章 連結財務諸表の作成　107

20. 共同研究の明細（国20）

(単位：千円)

区　分	期首残高	当期受入額	受託研究等収益	期末残高
合　計				

(記載上の注意)
① 貸借対照表に計上された前受受託研究費等及び損益計算書に計上された受託研究等収益のうち共同研究に係る明細を記載すること。
② 区分は、上記08のセグメント区分に従い記載すること。期末残高が70％になるまで金額が多い順に記載し、それ以外のセグメント区分についてはその他として一括して記載すること。セグメント情報の開示を行っていない場合、区分の必要はない。
③ 複数のセグメントが同一の共同研究の研究を行う場合、当該研究は主たる研究者の所属するセグメントへ区分すること。

21. 受託事業等の明細（国21）

(単位：千円)

区　分	期首残高	当期受入額	受託事業収益	期末残高
合　計				

(記載上の注意)
① 貸借対照表に計上された前受受託事業費等及び損益計算書に計上された受託事業等収益のうち受託事業等に係る明細を記載すること。
② 区分は、上記08のセグメント区分に従い記載すること。期末残高が70％になるまで金額が多い順に記載し、それ以外のセグメント区分についてはその他として一括して記載すること。セグメント情報の開示を行っていない場合、区分の必要はない。
③ 法人内において複数の研究者の研究を行う場合、当該受託研究は主たる研究者の所属するセグメントへ区分すること。

18. 上記以外の主な資産、負債、費用及び収益の明細 (独13)

会計基準では、附属明細書により開示することが適当と判断される事項のうち、各独立行政法人において共通して質的又は金額的に重要な独立行政法人の様態のみならず、特定時点のその独立行政法人の置かれている状況如何によっては、(1)から(14)に示した事項以外の事項についても附属明細書として開示することが適当と判断される場合が考えられる。

(1) この様な場合に備えて基準に盛り込まれたのが(15)の「上記以外の主な資産、負債、費用及び収益の明細」である。したがって、必ずしもこの(15)の明細書を作成しなければならないというわけではないが、各独立行政法人においては各年度毎に記載の必要性を慎重に吟味することが求められる。

(2) 記載の必要性の判断に当たっては
① 金額的に重要な事項であるか、あるいは質的に重要な事項（金額が僅少な事項は多くの場合に除かれる。）であるか
② 貸借対照表等の諸表における表示のみでは、財務報告の利用者の「独立行政法人の業務の適正な評価」に資するか否か、状況についての的確な把握｜あるいは補足的な情報開示が必要と判断されるか否か、このため明細書の形式によって吟味されるべきであるか否か
③ 明細書の形式によって吟味されるべきであり、以上の観点全てから必要と判断される事項であって、③の観点から不要となる場合には、附属明細書として開示されることとなる。

なお、上記の①及び②の観点から必要とされた事項であって、③の観点から不要となる場合には、注記として開示されることとなる。

情報の開示を行っていない場合は、事業の種類や目的により適宜区分を行い、区分の基準を注記すること。
③ 複数のセグメントにおいて同一の受託事業を行う場合、当該事業は主たるセグメントへ区分すること。

22. 上記以外の主な資産、負債、費用及び収益の明細 (国22)

基準では、附属明細書により開示することが適当と判断される事項のうち、各国立大学法人等において共通して質的又は金額的に重要な事項を基準第75(1)から(21)に示しているが、国立大学法人等の様態のみならず、特定時点のその国立大学法人等の置かれている状況如何によっては、(1)から(21)に示した事項以外の事項についても附属明細書として開示することが適当と判断される場合が考えられる。

この様な場合に備えて基準に盛り込まれたのが(22)の「上記以外の主な資産、負債、費用及び収益の明細」である。したがって、必ずしもこの(22)の明細書を作成しなければならないというわけではないが、各国立大学法人等においては各年度毎に記載の必要性を慎重に吟味することが求められる。

記載の必要性の判断に当たっては
① 金額的に重要な事項であるか、あるいは質的に重要な事項（金額が僅少な事項は多くの場合に除かれる。）であるか
② 貸借対照表等の諸表における表示のみでは、財務報告の利用者の「国立大学法人等の業務の適正な評価」に資するか否か、状況についての的確な情報把握｜あるいは「国立大学法人等の業務の適正な評価」に資するか否か、このため明細書の形式によって吟味されるべきか否か
③ 明細書の形式によって吟味されるべきであり、以上の観点全てから必要とされるべきであって、③の観点から不要となる場合には、注記として開示されることとなる。

なお、上記の①及び②の観点から必要とされた事項であって、③の観点から不要となる場合には、注記として開示されることとなる。

(2) セグメント情報

独立行政法人会計基準 「第125 連結セグメント情報の開示」
1　連結法人における開示すべきセグメント情報は、当該連結法人が異なる事業を運営している場合には、その事業内容等に応じた適切な区分に基づくセグメント情報とする。
2　開示すべき情報は、連結法人の事業収益、事業損益及び当該セグメントに属する資産総額とする。(注85)

〈注85〉連結セグメント情報の開示について
1　連結法人においても、その業務の内容が多岐にわたる場合、説明責任の観点から、その業務ごとのセグメントに係る財務情報を開示する必要がある。
2　また、開示すべき情報についても、国民その他の利害関係者に対する説明責任を果たすため、連結法人の主要な資産項目、主要な事業費用の内訳等を積極的に開示する必要がある。
3　セグメントの区分については、一律かつ統一的に設定することは逆にその意味を失わせることにもなりかねないため、運営費交付金に基づく収益以外の収益の性質や複数の業務を行っている連結法人の業務区分を参考にしつつ、個々に定めていくこととする。

国立大学法人会計基準 「第114 連結セグメント情報の開示」
1　連結法人における開示すべきセグメント情報は、当該連結法人が異なる事業を運営している場合には、その事業内容等に応じた適切な区分に基づくセグメント情報とする。
2　開示すべき情報は、連結法人の事業収益、事業損益及び当該セグメントに属する資産総額とする。(注70)

〈注70〉連結セグメント情報の開示について
1　連結法人においても、その業務の内容が多岐にわたる場合、説明責任の観点から、その業務ごとのセグメントに係る財務情報を開示する必要がある。
2　また、開示すべき情報についても、国民その他の利害関係者等に対する説明責任を果たすため、連結法人の主要な資産項目、主要な事業費用の内訳等を積極的に開示する必要がある。
3　セグメントの区分については、一律かつ統一的に設定することは逆にその意味を失わせることにもなりかねないため、運営費交付金や補助金等に基づく収益以外の収益の性質や複数の業務を行っている連結法人の業務区分を参考にしつつ、個々に定めていくこととする。

　個別財務諸表におけるセグメント情報は、独立行政法人等が複数の業務（セグメント）をもっている場合に、それぞれの業務ごとの財政状態及び運営状況を報告するべく作成されるものです。

　これに対し、連結財務諸表におけるセグメント情報は連結法人集団全体を複数のセグメントに分けて報告するものですから、1つの特定関連会社が1つのセグメントに属する場

合もありますし，いくつかのセグメントに分けられる場合もあります。このセグメント区分については，各法人で様々な態様があり一律に規定することは困難であることから各法人で定めることとされております。

記載すべき情報は，セグメントごとの事業収益，事業損益，資産総額については強制されておりますが，説明責任の観点から主要な資産項目，主要な事業費用等，補足的事項についても開示することが望ましいとされています。

独立行政法人Q&A

Q125－1　連結セグメント情報の開示に際しての重要性基準はあるのか。

A　連結セグメント情報の開示に際しては，次の重要性の基準を設ける。
① 次のいずれかの基準に該当するセグメントについては，他のセグメントと区別して記載すること。
　ア　当該セグメントの事業収益（セグメント間の内部収益高又は振替高を含む。）が，全セグメントの事業収益の合計の10％以上であること。
　イ　当該セグメントの事業利益又は事業損失の絶対値が，次のうちいずれか大きい金額の絶対値の10％以上であること。
　　（i）事業利益の生じているセグメントの事業利益の合計額の絶対値
　　（ii）事業損失の生じているセグメントの事業損失の合計額の絶対値
　ウ　当該セグメントの資産の金額が，全セグメントの資産の金額の合計額の10％以上であること。
② 次のすべてに該当する場合には，セグメント情報を開示しないことができるものとする。ただし，その場合には，その旨及び理由を明らかにする必要がある。
　ア　特定のセグメントの事業収益が，全セグメントの事業収益の合計の90％超であるとき。
　イ　特定のセグメントの事業利益又は事業損失の絶対値が，次のうちいずれか大きい絶対値の90％超であること。
　　（i）事業利益の生じているセグメントの事業利益の合計額の絶対値
　　（ii）事業損失の生じているセグメントの事業損失の合計額の絶対値
　ウ　特定のセグメントの資産の金額が，全セグメントの資産の金額の合計額の90％超であること。
　エ　上記①のアからウまでの基準に該当するセグメントがないこと。

国立大学法人Q&A

Q114－1　連結セグメント情報の開示に際しての重要性基準はあるのか。

A　連結セグメント情報の開示に際しては，次の重要性の基準を設ける。
① 次のいずれかの基準に該当するセグメントについては，他のセグメントと区別して記載すること。
　ア　当該セグメントの事業収益（セグメント間の内部収益高又は振替高を含む。）が，全セグメントの事業収益の合計の10％以上であること。
　イ　当該セグメントの事業利益又は事業損失の絶対値が，次のうちいずれか大きい金額の絶対値の10％以上であること。
　　（i）事業利益の生じているセグメントの事業利益の合計額の絶対値
　　（ii）事業損失の生じているセグメントの事業損失の合計額の絶対値
　ウ　当該セグメントの資産の金額が，全セグメントの資産の金額の合計額の10％以上であること。

> ② 次のすべてに該当する場合には，セグメント情報を開示しないことができるものとする。ただし，その場合には，その旨及び理由を明らかにする必要がある。
> 　ア　特定のセグメントの事業収益が，全セグメントの事業収益の合計の90％超であるとき。
> 　イ　特定のセグメントの事業利益又は事業損失の絶対値が，次のうちいずれか大きい絶対値の90％超であること。
> 　　(ⅰ)　事業利益の生じているセグメントの事業利益の合計額の絶対値
> 　　(ⅱ)　事業損失の生じているセグメントの事業損失の合計額の絶対値
> 　ウ　特定のセグメントの資産の金額が，全セグメントの資産の金額の合計額の90％超であること。
> 　エ　上記①のアからウまでの基準に該当するセグメントがないこと。

　積極的な情報の開示が求められるものの，重要性のないセグメントに関しても財務情報を必ず開示しなければならないとすればその事務的負担が大きくなることから，開示すべきセグメントについての重要性の基準を設けています。

　イメージとしては，本業が全体の90％を超えているような場合にはセグメント分けをしないことが可能ですが，その旨の注記をする必要があります。また，全体の10％を超えるような規模の業務がある場合には，それぞれを１つのセグメントとして開示する必要があります。

　セグメント情報の作成手順は，次のとおりです。

　①　各社の損益計算書をそれぞれ事業区分に分割します。なお，一般的には，あらかじめ事業区分ごとに区分された損益計算書を用いて作業が行われることとなります。

　独立行政法人等が管理上の目的で現に採用している集計区分が利用可能である場合，利用することが適当であると考えられます。この際，管理上の区分は，最終の財務諸表で要請されるであろうセグメントの区分より，細かく区分されていることが前提です。そうでなければ，セグメント情報の基礎となる情報が得られないこととなるからです。各セグメントに直課できる営業費用には，各セグメントに直接把握されますので特に問題はありませんが，直課できない営業費用は，各セグメントに共通する費用であって，間接費及び一般管理費から構成されます。これらの費用は，それぞれの費用の性質に応じて各法人の実情に即している合理的な配賦基準に基づき，個々の費用ごとに又はその性質に応じて集約した，グループごとに各セグメントに配賦されます。これらの費用の一部を各セグメントに配賦しなかった場合には，これを配賦不能営業費用とし法人共通の欄に記載し，その金額及び主な内容について脚注することとなります。

　セグメント別に属する資産の総額についても開示されることとなりますので，各セグメントに対して，資産を識別しなければなりません。資産の配分は，全ての資産が識別の対象となり，引当金等についても関連資産に対応して，配分されます。セグメントへ配賦される資産は，セグメント固有の資産と全社資産とに配分されます。セグメント固有の資産については，①特定のセグメントのみに使用される専用資産と②複数のセグメントに共通して使用される共用資産に配分され，①の専用資産については，特定のセグメントに配分

されることについては，特に問題はありませんが，②の共用資産については，利用面積や，人員数等の合理的な配賦基準を決定しなければなりません。

全社資産等セグメントに係わりのない資産が識別された場合は，セグメントに配賦することなく，その金額や主な内容について脚注をすることとなっています。

② 連結財務諸表の作成の際に消去される内部損益の金額を事業区分別に把握します。

連結財務諸表を作成する場合，内部取引の消去がなされます。これは連結会社間取引について行われており，当該内部取引につき，どこの事業区分間の取引であるか，明らかにしていく必要があります。

③ 各社の事業区分別損益計算書を合算します。

④ 同一セグメント内の内部売上及び内部振替高を消去し，セグメント情報を作成します。

⑤ 開示対象とすべきセグメントを重要性の基準により選定し，最終的に開示されるセグメント情報を作成します。

連結財務諸表のセグメント情報は当然に連結間の取引は相殺消去されるため，たとえば個別財務諸表において別掲していたセグメントがあり，連結上その取引が連結間の取引であった等の理由で相殺が多く行われた結果，そのセグメントは連結上では開示不要となることもありえます。

【図2－27】開示するセグメント情報

	教育業務	病院業務	合 計	消去又は全社	連 結
事業収益	400	150	550	－20	530
事業費用					
教育経費	200		200		200
研究経費	100		100	－20	80
診療経費		100	100		100
合計	300	100	400		400
業務損益	100	50	150		150
資産	100	150	450		450
うち建物	30	20	50		50
土地	30	10	40		40

企業会計参考資料

・監査委員会報告第53号 「セグメント情報の監査に関する実務指針」

(3) 注記事項

> **独立行政法人会計基準 「第126 連結財務諸表の注記」**
> 連結財務諸表には，次の事項を注記しなければならない。
> (1) 連結の範囲等
>   連結の範囲に含めた特定関連会社，関連会社に関する事項その他連結の方針に関する重要事項及びこれらに重要な変更があったときは，その旨及び変更の理由
> (2) 決算日の差異
>   特定関連会社の決算日が連結決算日と異なるときは，当該決算日及び連結のため当該特定関連会社について特に行った決算手続の概要
> (3) 会計処理の原則及び手続等
>   ア 重要な資産の評価基準及び減価償却の方法並びにこれらについて変更があったときは，その旨，変更の理由及び当該変更が連結財務諸表に与えている影響の内容
>   イ 特定関連会社の採用する会計処理の原則及び手続で独立行政法人及び特定関連会社との間で特に異なるものがあるときは，その概要
>   ウ 特定関連会社の資産及び負債の評価方法
> (4) その他の重要な事項
>   関係法人集団の財政状態及び運営状況を判断するために重要なその他の事項

> **国立大学法人会計基準 「第115 連結財務諸表の注記」**
> 連結財務諸表には，次の事項を注記しなければならない。
> (1) 連結の範囲等
>   連結の範囲に含めた特定関連会社，関連会社に関する事項その他連結の方針に関する重要事項及びこれらに重要な変更があったときは，その旨及び変更の理由
> (2) 決算日の差異
>   特定関連会社の決算日が連結決算日と異なるときは，当該決算日及び連結のため当該特定関連会社について特に行った決算手続の概要
> (3) 会計処理の原則及び手続等
>   ア 重要な資産の評価基準及び減価償却の方法並びにこれらについて変更があったときは，その旨，変更の理由及び当該変更が連結財務諸表に与えている影響の内容
>   イ 特定関連会社の採用する会計処理の原則及び手続で国立大学法人等及び特定関連会社との間で特に異なるものがあるときは，その概要
>   ウ 特定関連会社の資産及び負債の評価方法
> (4) その他の重要な事項
>   関係法人集団の財政状態及び運営状況を判断するために重要なその他の事項

　連結財務諸表作成の基礎となった情報を連結財務諸表に注記することとなります。
　記載内容としては①連結範囲に関する事項②決算日に関する事項③会計処理に関する事項④その他の事項と，企業会計におけるものとほぼ同様のものとなります。

第8節　区分経理

> **独立行政法人会計基準　「第105　区分経理が要請される独立行政法人の連結財務諸表」**
> 1　法律の規定により，区分して経理することが要請されている独立行政法人にあっては，勘定別に連結財務諸表を作成し，勘定別の連結財務諸表を合算して法人単位の連結財務諸表を作成するものとする。
> 2　法人単位の連結財務諸表の作成については，「第96　法人単位財務諸表作成の基準」に準ずるほか，次によるものとする。
> 　(1)　特定関連会社に対する出資を行っている勘定以外の勘定と当該特定関連会社相互間（以下この項において「連結勘定相互間」という。）の債権と債務は相殺消去の処理を行う。
> 　(2)　連結勘定相互間の損益取引に係る，費用と収益は相殺消去の処理を行う。
> 　(3)　連結勘定相互間の取引によって取得したたな卸資産，固定資産その他の資産に含まれる未実現損益は，譲渡した勘定の帳簿価額のうち回収不能と認められる部分を除き，その全額を消去する。

　独立行政法人においては，法律の規定により，区分して経理し，区分した経理単位（以下「勘定」という。）ごとに財務諸表の作成が要請されている独立行政法人にあっては，勘定別の財務諸表を合算して法人単位の連結財務諸表を作成します。

　区分経理とは，個別法などの法令の規定によって，特定の事業に関する経理と区別することが義務付けられていることを指します。このような区分経理の規定の目的は，ある業務のためのものとして充当された資金が他の業務に使用されることを防止することにあります。

　このような国の予算統制上の必要から，特定の業務に関する会計を別会計とし，法人内の業務間での内部補助を禁ずることにより，特定の業務のためだけに使用されるように限定しています。つまり本質は，法人内の各事業区分の間での内部補助の禁止という行為規範性にあり，事後的な会計報告としてのセグメント情報の開示とは，趣旨が異なります。ただし，現実の運用としては，区分経理を行う場合には，当該区分を一つの独立した業務に関する経理と考えているので，その区分はセグメントとしての意味を持ちますが，区分経理の区分をそれぞれ1つのセグメントとして扱えば十分というわけではなく，特定の業務領域についてさらに詳細に会計情報を開示する必要があると考えられる場合には，区分経理で扱っている区分を更に複数のセグメントに分けることも考えられます。

　区分経理おいては，上記規定により連結財務諸表全体を勘定ごとに作成していかなければなりませんが，セグメント情報においては，連結法人の事業収益，事業損益，及び当該セグメントに属する資産総額といった限られた開示となります。

　区分経理により，勘定別連結財務諸表を作成する必要がある場合の留意点は，特定関連会社との債権債務，取引，未実現利益の消去をするのみではなく，複数の勘定相互の債権

債務等の相殺消去があり，もう1つは，特定関連会社に出資を行っている勘定以外の勘定とその特定関連会社相互間の債権債務などの相殺消去が行われる必要があることに留意が必要です。

【図2－28】区分経理

STEP1：勘定別に連結財務諸表を作成し，それらを合算して法人単位の連結財務諸表を作成
STEP2：特定関連会社に対する出資を行っている勘定以外の勘定と当該特定関連会社相互間（連結勘定相互間という）の債権と債務は相殺消去
STEP3：連結勘定相互間の損益取引にかかる費用と収益は相殺消去
STEP4：連結勘定相互間の取引によって取得した棚卸資産・固定資産・その他の資産に含まれる未実現損益は全額を消去（回収不能分除く）

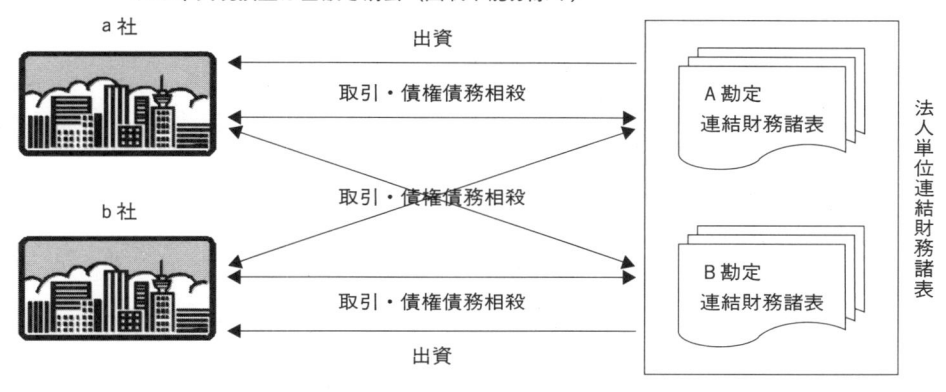

第9節　特定関連会社及び関連会社の欠損時の処理

〈注80〉特定関連会社の欠損が当該特定関連会社に係る少数株主持分に割り当てられるべき額を超える場合の処理について
1　例えば，特定関連会社に対する独立行政法人の出資が，当該特定関連会社が行う研究開発事業等に要する資金の供給として他の民間会社と共同して実施される場合等であって，特定関連会社の欠損金について独立行政法人と当該他の民間会社がその出資割合に応じて負担することが合理的な場合には，次のように処理することが考えられる。
　(1)　独立行政法人が当該特定関連会社の債務保証を行っている等，契約等による義務を負っている場合には，特定関連会社の欠損のうち，当該特定関連会社に係る少数株主の負担すべき額を超える額（以下「少数株主持分超過欠損額」という。）のうち，独立行政法人が負担すべき義務の金額の範囲内で独立行政法人の持分に負担させる。
　(2)　独立行政法人が契約等による義務を負っていない場合の少数株主持分超過欠損額及び少数株主持分超過欠損額が契約等により独立行政法人が負担すべき義務の金額を超える場合の当該超過欠損額は，少数株主持分に割り当てるものとする。
2　上記1(1)の場合において，その後特定関連会社に利益が計上されたときは，独立行政法人が負担した欠損が回収されるまで，その利益の金額を独立行政法人の持分に加算するものとする。

> 〈注65〉 特定関連会社の欠損が当該特定関連会社に係る少数株主持分に割り当てられるべき額を超える場合の処理について
> 1 例えば，特定関連会社に対する国立大学法人等の出資が，当該特定関連会社が行う研究開発事業等に要する資金の供給として他の民間会社と共同して実施される場合等であって，特定関連会社の欠損金について国立大学法人等と当該他の民間会社がその出資割合に応じて負担することが合理的な場合には，次のように処理することが考えられる。
> (1) 国立大学法人等が当該特定関連会社の債務保証を行っている等，契約等による義務を負っている場合には，特定関連会社の欠損のうち，当該特定関連会社に係る少数株主の負担すべき額を超える額（以下「少数株主持分超過欠損額」という。）のうち，国立大学法人等が負担すべき義務の金額の範囲内で国立大学法人等の持分に負担させる。
> (2) 国立大学法人等が契約等による義務を負っていない場合の少数株主持分超過欠損額及び少数株主持分超過欠損額が契約等により国立大学法人等が負担すべき義務の金額を超える場合の当該超過欠損額は，少数株主持分に割当てるものとする。
> 2 上記1(1)の場合において，その後特定関連会社に利益が計上されたときは，国立大学法人等が負担した欠損が回収されるまで，その利益の金額を国立大学法人等の持分に加算するものとする。

　特定関連会社及び関連会社の欠損時の処理について，企業会計における処理と同様の処理を行うものと考えられますので，以下のとおりとなります。

　特定関連会社が欠損の場合，少数株主持分は，マイナスの持分となってしまいます。しかしながら，原則として，欠損については，親会社たる連結財務諸表作成法人が負担することとなります。

　つまり，債務超過会社の欠損金負担額の計算は，持株比率に基づくのではなく，出資を超えた少数株主による負担について，何らかの合意があれば，当該負担額まで少数株主に負担させ，何も合意が無ければ，少数株主に出資金額まで負担させ，それを超える欠損金については，親会社が負担しなければなりません。

　その後利益が計上されたときには，親会社が負担した超過欠損額が利益と相殺されて解消するまで，その後の利益の金額を親会社の持分に加算するものとされています。

　また持分法における関連会社が，債務超過に陥った場合の処理としては，連結貸借対照表上，出資勘定をゼロとした後は，持分法適用会社に対する貸付金等を減額します。これは，持分法適用会社に設備資金又は運転資金等の貸し付けをしている場合で，出資と同様な性格を有していると認められるものは，持分法適用会社にとって，事業を継続させるための重要な資金源泉となっている場合が多いと考えられるためです。また，債務超過額が，投資有価証券及び貸付金等の額を超える場合は，契約による債務保証又は実質的な債務保証を行っていることが多く，連結する場合を想定したときは，銀行等からの借入金等の債務として計上されることとなる整合性から，「持分法適用に伴う負債」等適当な科目をもって負債の部に計上することとなります。

II

税効果会計編

第❶章
税効果会計

第1節　税効果会計とは何か

　税効果会計とは，会計上の資産または負債の額と課税所得計算上の資産または負債の額に相違がある場合において，法人税その他利益に関連する金額を課税標準とする税金の額を適切に期間配分することにより，法人税等を控除する前の当期純利益と法人税等を合理的に対応させることを目的とする手続です。

　会計上計算される利益は必ずしも税金計算上の所得が一致しないため，会計上計算される税金と税務上計算される税金とは金額が違ってきます。そこで，会計上の損益計算を基礎にしつつ，税務上の税金計算との間を埋めることで，実際の税金負担を示すことができるようにした会計の手法が税効果会計なのです。平たく言えば，損益計算書で計算される税金の額と，実際に納付する税金の金額とを一致させる方法だということになるでしょう。

【図1－1】税効果

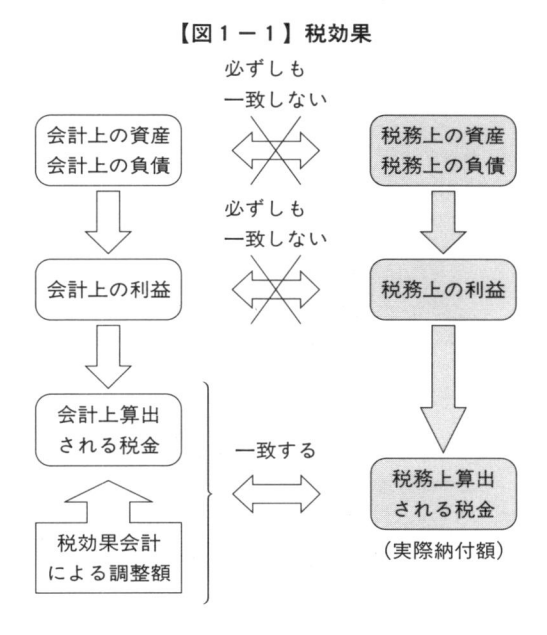

```
会計上の資産        必ずしも         税務上の資産
会計上の負債   ⇔   一致しない   ⇔   税務上の負債
                    ╳
     ↓                                  ↓
                    必ずしも
会計上の利益   ⇔   一致しない   ⇔   税務上の利益
                    ╳
     ↓                                  ↓
会計上算出
される税金  ┐
           ├  一致する  ⇔  税務上算出
     ↑    │                  される税金
税効果会計  ┘                （実際納付額）
による調整額
```

第2節　税効果会計を行う理由

では、なぜ税効果会計を行うことになったのでしょうか。

（企業）会計では、会計理論の発達に伴って発生主義が採用され、現金主義で行われていた時とは比較にならないほど様々な手続が必要となり、その結果、いろいろな特殊な性質を持った勘定科目が発生しました。たとえば経過勘定項目や各種の引当金などです。

これらの勘定科目は、適正な期間損益計算及び将来的な損失を事前に保守的に計上しておく（保守主義の原則）という目的を持っているものですが、その金額の算定には見積の要素が多分に混入しやすいものです。

そこで、税務は、毎期経常的に同様の処理を行う、計算については見積の要素が減少するように式を決め、それによって計算された金額を税務上の費用として認識する、といった対応により会計特有の勘定を容認し、会計の立場としては税務上の計算が会計理論上の計算と大幅な乖離がない限り、妥当なものとして認容してきた経緯がありました。

しかし、最近数年の税制改革により、引当金がほぼ全面的に税務上の計算から廃止されるなど、会計と税務の乖離が広がり、もはや互いの立場からそれぞれを認容することができなくなりました。

企業等は各種納税の義務があり、その計算根拠として（企業）会計による帳簿記入を行っているため、通常、会計で計算された損益から、税務上納付すべき税金を計算するために申告調整という手続を行います。この手続によって会計上計算された損益から計算される税金の額と実際に納付すべき税金の額が異なってくるのですが、その差異の大半は帰属期間のズレによって説明できるものであり、法人の生涯全期間を通じてはほぼ一致するも

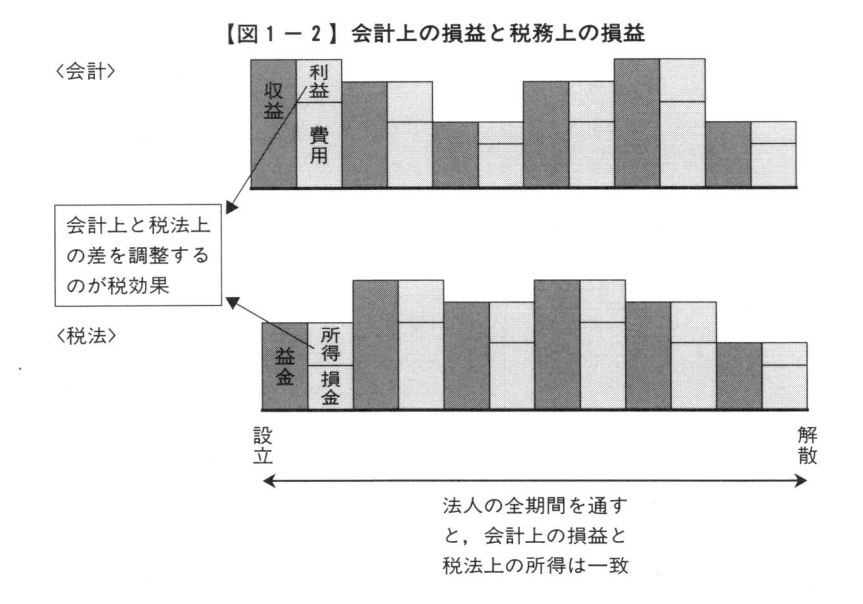

【図1－2】会計上の損益と税務上の損益

のと考えられます。

そこで，その帰属期間のズレを会計的に説明する必要が生まれ，これを解決する方法が税効果会計なのです。

第3節　個別上の税効果と連結上の税効果

税効果会計は原則的に全ての法人が行うべきものですが，連結財務諸表を作成するに当たり，法人集団の間で行う合算・相殺に伴って生じる税効果の仕訳も存在します。前者を個別上の税効果，後者を連結上の税効果と呼んでいます。

連結対象法人においては，それぞれ税効果会計を適用して財務諸表を作成し，連結財務諸表を作成するにあたっては，個別上税効果会計を適用した関連法人の財務諸表を合算した上で連結相殺消去を行い，その相殺消去仕訳に伴って発生する連結上の税効果会計を行うことになります。

個別上行うべき税効果会計の仕訳としては，今まで述べてきた会計上費用となるが税務上損金とならないもの（引当金等）の申告調整項目等が挙げられます。

また，連結上行うべき税効果会計の仕訳としては，連結法人間で行った債権債務の相殺に伴って減少した債権に設定していた貸倒引当金の減額調整や，連結法人間の内部利益が含まれた状態で計上されていた棚卸資産・固定資産に対する未実現利益の消去によって減少した損益に対する税効果仕訳などが考えられます。

税効果会計の対象となる，調整されるべき税金（法人税等）とは具体的には，①法人税，②均等割を除く住民税，③利益を課税標準とする事業税ということになります。

独立行政法人等の場合，損益計算の結果として納付すべきこれらの法人税等が想定されにくいので，基本的に個別上の税効果を行う可能性は低いと考えられますが，連結対象となる法人においてはそれぞれ税効果会計を行う必要が生じると思われます。また，独立行政法人等と，関連法人との間に出資以外の何らかの取引が行われている場合には，その取引消去・債権債務消去等から生じる連結上の税効果仕訳が発生することが考えられます。

第4節　企業会計と独立行政法人等の税効果の違い

企業会計においては，法人税の課税対象の法人が大部分であるのに対し，国立大学法人等や独立行政法人の大部分は，非課税法人であることが想定されています。個別財務諸表上，非課税法人である場合，税効果会計は，問題となりませんが，独立行政法人について，課税法人のうち課税対象取引については，法人税等の対象となりますので，その部分において，個別財務諸表上においても連結財務諸表上においても，税効果が発生する可能性があります。（以下当該事項を「課税法人」として説明）

一方，連結財務諸表上においては，国立大学法人等や非課税独立行政法人であろうが，

特定関連会社が課税法人の場合，税効果会計の適用が考えられます。例えば，特定関連会社が課税法人である，非課税法人の国立大学法人の場合，連結修正仕訳によって特定関連会社の納付している法人税等に対して，税効果が発生する可能性があります。この場合，連結財務諸表を作成する主体がいくら非課税法人で，個別財務諸表上は，税効果会計とは無縁であったとしても，連結財務諸表上において，税効果会計を適用しなければなりません。

　企業会計との大きな違いは，以上のように，連結財務諸表作成主体である独立行政法人等において，非課税法人である場合や課税法人である場合においても，非課税取引があることが想定されるので，企業会計において発生するであろう税効果が必ずしも発生するとは限らないところにあります。税効果会計においては，このように企業会計との違いに十分留意して適用していく必要があります。

第2章
各基準の解説

独立行政法人会計基準では，第35に個別上の税効果に関する規定が，第111に連結上の税効果に関する規定があります。

また，国立大学法人会計基準では，個別上の税効果に関しては規定されておらず，連結上の税効果については第100において独立行政法人会計基準第35を準用する形で規定しています。

独立行政法人会計基準 「第35 法人税等の期間配分に係る会計処理」
1 法人税その他利益に関連する金額を課税標準とする税金（以下「法人税等」という。）が課される独立行政法人において，一時差異等（貸借対照表に計上されている資産又は負債の額と課税所得計算上の資産又は負債の額との差額及び将来の課税所得と相殺可能な繰越欠損金等をいう。以下同じ。）があるときは，次の各号に定めるところにより法人税等の額を適切に期間配分しなければならない。（注31）（注32）
　(1) 一時差異等に係る税金の額は，将来の会計期間において回収又は支払が見込まれない税金の額を除き，繰延税金資産又は繰延税金負債として貸借対照表に計上しなければならない。
　(2) 繰延税金資産又は繰延税金負債の金額は，回収又は支払が行われるものと見込まれる期の税率に基づいて計算するものとする。
　(3) 繰延税金資産と繰延税金負債の差額を期首と期末で比較した増減額は，当期に納付すべき法人税等の調整額として計上しなければならない。
2 繰延税金資産及び繰延税金負債の発生原因別の主な内訳については，注記しなければならない。

〈注31〉法人税等の範囲
　法人税等には，法人税のほか，都道府県民税，市町村民税及び利益に関連する金額を課税標準とする事業税が含まれる。

〈注32〉繰越欠損金の扱い
　繰越欠損金に係る繰延税金資産は法人の運営状況から近い将来課税所得が発生することが確実に見込まれる場合に限り計上することができることに留意する。

> **独立行政法人会計基準 「第111 法人税等の期間配分に係る会計処理」**
> 1　連結法人の法人税等については，一時差異等に係る税金の額を期間配分しなければならない。
> 2　一時差異等に係る税金の額は，「第35　法人税等の期間配分に係る会計処理」に準じ，繰延税金資産又は繰延税金負債として計上しなければならない。

> **国立大学法人会計基準 「第100　法人税等の期間配分に係る会計処理」**
> 1　連結法人の法人税等については，一時差異等に係る税金の額を期間配分しなければならない。
> 2　一時差異等に係る税金の額は，独立行政法人会計基準「第35　法人税等の期間配分に係る会計処理」に準じ，繰延税金資産又は繰延税金負債として計上しなければならない。

　これらは税効果会計の適用の要否について規定しているもので，具体的な仕訳の処理や詳細な項目・要件等が記載されているわけではありません。その具体的な方法としては，やはり企業会計における規定をベースにしているものと考えられます。

　個別上の税効果会計については，会計制度委員会報告第10号「個別財務諸表における税効果会計に関する実務指針」で，連結上の税効果会計については，会計制度委員会報告第6号「連結財務諸表における税効果会計に関する実務指針」で，明らかにされています。

【図2-1】税効果会計に関する規則等

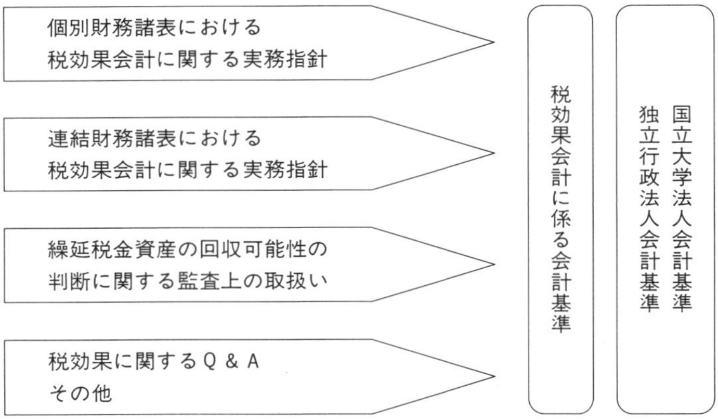

```
個別財務諸表における
税効果会計に関する実務指針       ┐
                                │
連結財務諸表における             │   税効果会計    国立大学法人会計基準
税効果会計に関する実務指針       ├─  に係る      独立行政法人会計基準
                                │   会計基準
繰延税金資産の回収可能性の       │
判断に関する監査上の取扱い       │
                                │
税効果に関するＱ＆Ａ             │
その他                           ┘
```

　以下，個別上の税効果と連結上の税効果とに分けて，税効果に関する実務指針をベースに税効果会計の基礎的な部分を解説していきます。なお，税効果会計については，詳細な論点が多々あり，これら全てを解説すると膨大な量になってしまいます。独立行政法人等に関しては，基本的に単体として税効果会計を行う可能性が低く，また連結上も起こりうる仕訳に限りがありますので，これだけは知っておきたい論点を取り上げながら分かりやすく説明していくことにします。

(1) 個別上の税効果

税効果会計を適用すべき原因となったのは、税務と会計における主として費用の認識の差異でした。この差異は税務と会計における主として費用の認識が、一時的に期間のズレとして発生しているものと（一時差異）、会計では費用とする必要があっても税務では永久に損金として認識されることがないような永久的なズレとして発生しているもの（永久差異）との2つに分けられます。

このうち永久差異については税効果会計の対象とはなりません。

なぜなら税効果会計を行う理由は、全期間的には一致するが、税務と会計の期間帰属認識のズレによって生じた税金負担を調整することにあるからです。

このような永久差異としては、たとえば交際費の損金不算入や受取配当金の益金不算入などが挙げられます。

交際費は法人の活動上、一定金額は当然に発生する費用であり、法人の活動に必要不可欠であると考えられます。したがって会計上はその金額を費用として処理しますが、税務においては大会社における交際費の計上はいたずらに冗費の計上を招くとして、損金算入を認めていません（大会社以外では金額の一部について認められます）。

また、受取配当金については、営業外収益として決算上は法人の利益を構成しますが、法人税法の考え方からすれば、配当は支払った法人側では課税済の所得から支払ったものであり、受け取った側でさらにこの配当に対して課税するとなると二重課税になります。したがって二重課税を排除する制度として受取配当等の益金不算入制度が設けられています。

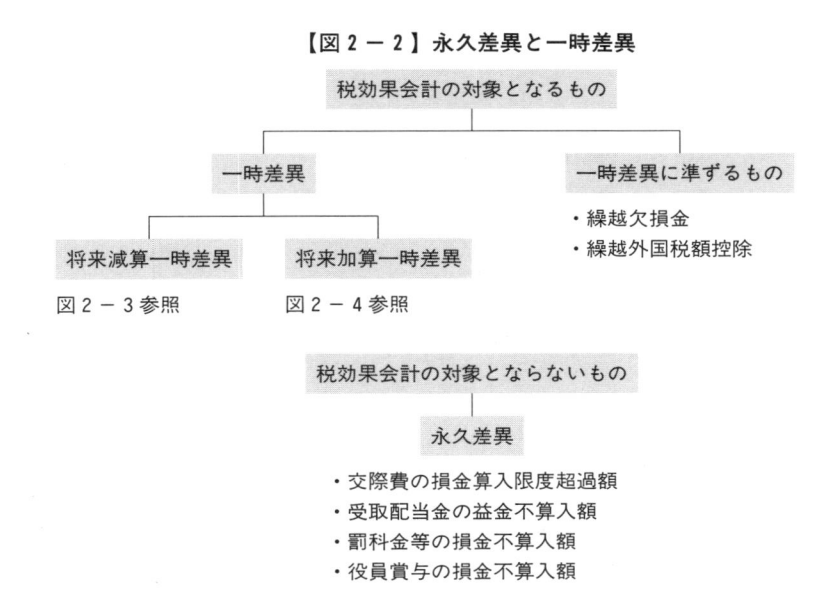

【図2－2】永久差異と一時差異

```
        税効果会計の対象となるもの
         ┌──────────┴──────────┐
       一時差異              一時差異に準ずるもの
    ┌────┴────┐          ・繰越欠損金
将来減算一時差異 将来加算一時差異  ・繰越外国税額控除
 図2－3参照   図2－4参照

        税効果会計の対象とならないもの
                    │
                 永久差異
           ・交際費の損金算入限度超過額
           ・受取配当金の益金不算入額
           ・罰科金等の損金不算入額
           ・役員賞与の損金不算入額
```

税効果会計の対象になるのは一時差異部分です。一時差異はさらに将来減算一時差異と将来加算一時差異の2つに分けられます。

将来減算一時差異とは，差異が生じた時に課税所得の計算上加算（＝損金不算入・益金算入）され，将来，当該差異が解消する時に課税所得の計算上減算されるものです。

損金不算入の例としては賞与引当金繰入額等が挙げられます。賞与引当金は将来発生する賞与の支給に備えて，すでに経過した期間についての負担額を計上しておくものであり，会計上は当然費用計上されますが，税務では賞与引当金を認めておらず，賞与の支給時に損金経理することとなっているため，期間帰属に差が生じます。

益金算入の例としてはたとえば売上計上漏れが考えられます。売上は当然会計上も収益として計上するものですが，会計による決算の締めと税務申告期限には時間的ズレがあり，通常，会計における決算業務が全て終了してから税務計算を行いますが，その際に時間的な制約（検収書が到着しなかった等）により計上が漏れてしまった売上等が生じることがあります。原則的には当然会計上の決算に織り込んで修正すべきではありますが，会計上その金額に重要性がなく，性質的にも重要性がない場合などは翌期に計上することとし，申告調整により税務上対応するというような場合もあります。

ここで，課税法人である独立行政法人に特有なもので，想定される将来減算一時差異には，独立行政法人等の会計上の固定資産と，法人税法上の固定資産の計上基準が異なる等の理由から，固定資産の減価償却費の限度超過になる可能性があり，将来減算一時差異が発生する可能性があります。

また，寄附金の使途が特定されていない場合の寄附金収入は，特に税務との乖離が発生しませんが，使途が特定されている場合の寄附金については，将来減算一時差異が発生しうる可能性があるので，留意する必要があります。

これらの差は賞与の支給時・漏れた分の売上計上時に解消され，税務上加算していた金額が減算されることにより税金を減少させる効果があるため，税効果会計を適用して「繰延税金資産」という名前の資産を計上し，一方で法人税等を間接的に減少させる「法人税等調整額」という損益計算書項目を計上します。

この「繰延税金資産」とは，言ってみれば税金における前払費用のようなものです。当期の課税所得計算による納付すべき税金のうち，その一部は会計理論上，将来の負担とな

【図2－3】将来減算一時差異

将来減算一時差異とは	差異が生じたときに課税所得の計算上加算され，将来，当該差異が解消するときに，課税所得の計算上減算されるもの
将来減算一時差異の例	・減価償却費の限度超過額 ・貸倒引当金の繰入限度超過額 ・退職給付引当金の繰入限度超過額 ・賞与引当金の繰入限度超過額 ・棚卸資産の評価損否認額 ・役員退職慰労引当金繰入額

るべき金額であると考えられるため，法人税等から控除して前払税金として資産計上している，というイメージが分かりやすいと思います。

一方，将来加算一時差異とは，差異が生じた時に課税所得の計算上減算（＝損金算入・益金不算入）され，将来，当該差異が解消する時に課税所得の計算上加算されるものです。

損金算入の例としては，会計上，過年度に費用として計上していた減価償却費が税務上では，減価償却費超過額として加算処理されていたものについて，当期に入って，税務上減価償却費超過額が認容され，損金算入される例があげられます。

益金不算入の例としては，受取配当金について，会計上は収益として計上しているものについて，税務上は，法人の支払配当が，法人税の課税ずみの所得金額から行われていることを前提条件としているため，二重課税を排除するため，受取配当に対して，益金不算入される例があげられます。

この「繰延税金負債」とは，言ってみれば税金における未払費用のようなものです。将来の課税所得計算によって生じる納付すべき税金で，会計理論上，当期の負担となるべき金額があると考えられる場合には，法人税等に追加して未払税金として負債計上する，というイメージが分かりやすいかと思います。

【図2－4】将来減算一時差異

将来加算一時差異	差異が生じたときに課税所得の計算上減算され，将来，当該差異が解消するときに，課税所得の計算上加算されるもの
将来加算一時差異の例	・利益処分方式による圧縮積立金 ・利益処分方式による特別償却準備金 ・利益処分方式による租税特別措置法上の準備金

ところで，この一時差異はどのように把握すればいいでしょうか。

実務的には，この一時差異は「法人税申告書別表」に集約されることになります。

法人税申告書は，法人税を納付する義務がある法人が作成する書類で，会計上作成した損益をもとに，そこに税務上の加算項目・減算項目を追加することで税務上の課税標準を決定するものです。

この加算項目・減算項目は具体的には別表4及び別表5というところにでてきます。

【図2－5】法人税申告書別表4

	区　分	総　額 ①	処分留保 ②	社外流出 ③
	(A) 税引後当期利益	400,000	400,000	
加算	損金算入法人税・住民税	150,000	150,000	
	損金算入未払事業税	20,000	20,000	
	交際費損金不算入	5,000		5,000
	従業員退職給付引当金超過額	50,000	50,000	
	役員退職慰労引当金超過額	15,000	15,000	
	賞与引当金繰入超過額	10,000	10,000	
	貸倒引当金繰入超過額	7,000	7,000	
	有価証券評価損	25,000	25,000	
	減価償却限度額超過	3,300	3,300	
	少額固定資産償却超過	400	400	
	特別償却準備金取崩し	1,200	1,200	
	(B) 加算合計	286,900	281,900	5,000
減算	未払事業税認容	17,000	17,000	
	従業員退職給与引当金認容	44,000	44,000	
	役員退職慰労引当金認容	14,000	14,000	
	賞与引当金繰入認容	8,000	8,000	
	有価証券評価損認容	20,000	20,000	
	少額固定資産償却超過認容	500	500	
	(C) 減算合計	103,500	103,500	0
	差引課税所得	583,400	578,400	5,000

【図2－6】法人税申告書別表5

区　分	期首利益積立金額 ①	当期中の増減 減少 ②	当期中の増減 増加 ③	当期利益処分等による増減 ④	差引翌期首現在利益積立金額 ①－②＋③＋④ ⑤
未払事業税	17,000	17,000	20,000		20,000
従業員退職給与引当金超過額	200,000	44,000	50,000		206,000
役員退職慰労引当金超過額	44,000	14,000	15,000		45,000
賞与引当金繰入超過額	8,000	8,000	10,000		10,000
貸倒引当金繰入超過額			7,000		7,000
有価証券評価損	35,000	20,000	25,000		40,000
減価償却限度額超過	3,300		3,300		6,600
少額固定資産償却超過	1,200	500	400		1,100
特別償却準備金	12,000			△1,200	10,800
特別償却準備金認容額	△12,000		1,200		△10,800
合　計	308,500	103,500	131,900	△1,200	335,700

別表4は，提出期における加算項目・減算項目のフローを表したもので，別表5は提出期末における加算項目・減算項目のストックを表したものであるということができます。

実際にはもう少し考慮すべき事項がある場合が多いですが，あえて簡単に言うならば，期末における繰延税金資産（負債）の金額は，別表5の期末における将来減算（加算）一時差異の合計に一定の率（法定実効税率＝この後説明します）を乗じた金額であり，当期における法人税等調整額は別表4における加算項目と減算項目の差に一定の率を乗じたものとして計算されます。

こうして計算される繰延税金資産・繰延税金負債ですが，その計算時点において短期のものか長期のものかに分けて計算する必要があります。たとえば，賞与引当金にかかる繰入額の損金不算入などは，賞与が支払われるのは1年以内であり，来期においてこのズレが解消されるのが確実と見込まれるため短期の一時差異となります。一方，退職給付引当金にかかる繰入額の損金不算入などは，もしかすると来期においてその一部または全部を支払うことになるかもしれませんが，通常であればそのほとんどは1年以内に支払われるとは考えにくいため，全体としてはこれを長期の一時差異だと考えます。このように分けて計算した場合，繰延税金は繰延税金資産（流動），繰延税金資産（固定），繰延税金負債（流動），繰延税金負債（固定）と4種類に分けられますが，同一法人における繰延税金資産と負債は，それぞれ流動・固定ごとに相殺して貸借対照表に表示することとなっています。

ですから，繰延税金資産（流動）と繰延税金負債（流動）で，資産側が大きければ相殺した上で繰延税金資産（流動）を流動資産に，繰延税金資産（固定）と繰延税金負債（固定）で，負債側が大きければ相殺した上で繰延税金負債（固定）を固定負債に，それぞれ計上するということになります。

なお，連結財務諸表においては各納税主体間での相殺は行いませんので留意が必要です。

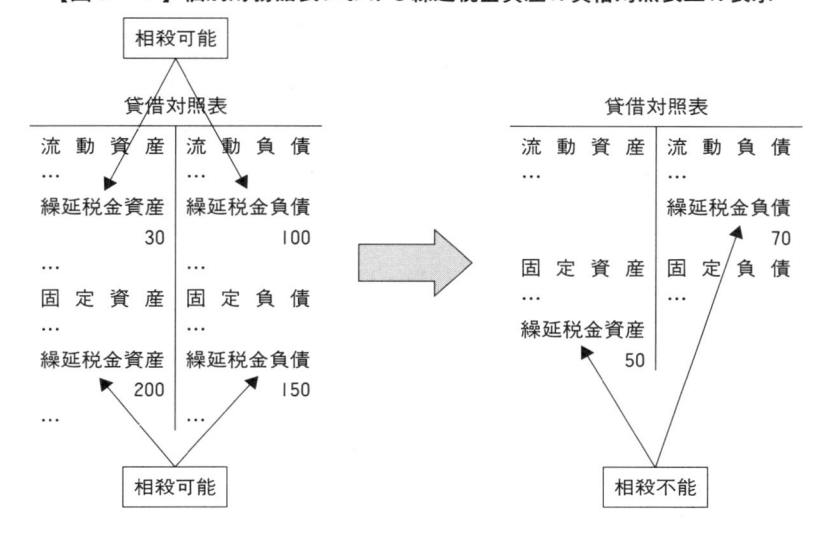

【図2－7】個別財務諸表における繰延税金資産の貸借対照表上の表示

ここまで説明した一時差異にかかる税効果の仕訳は，法人税等調整額という形でその期の損益に影響するものでしたが，その期の損益には影響しない税効果の仕訳というものもあります。
　それは，資産の評価替えにかかる税効果です。
　代表的なものは「その他有価証券」の時価評価差額についてのもので，これについて説明します。
　「その他有価証券」とは，「金融商品会計に関する実務指針」によると，①売買目的有価証券②満期保有目的の債券③子会社株式及び関連会社株式，以外の有価証券ということになりますが，これには時価のあるものとないものが考えられます。時価のないその他有価証券については，著しい価値の減少に伴う減損の可能性があるものの，時価評価ができないため通常は取得価額のまま貸借対照表に計上されます。一方，時価のあるその他有価証券については，近年における時価会計の要請から，時価によって貸借対照表に計上することとされています。したがって，取得価額よりも時価が高い場合は資産の増加，低い場合は資産の減少として会計処理するわけですが，その相手勘定は「その他有価証券評価差額金」という資本項目（プラスあるいはマイナス）となります。
　この評価差額は毎期末において洗い替えされ，また「その他有価証券」自体が短期に売却することを目的としていないため，その期における損益として処理することが不合理であることから計上されるものです。
　しかし，この評価差額のうち将来の実効税率に相当する部分は，将来において売却が行われたとすると，その税金負担を軽減あるいは増加させる効果をもっています。たとえば期末時点において100の含み益を持ったその他有価証券があるとして，仮に何らかの事情で翌期に売却することとなれば，100の課税所得が発生し，約40の税金負担が生じます。一方，期末で100の含み損があるものを翌期に売却すれば，課税所得を100減らすことができ，約40の税金負担を減少させることができます。
　したがって，この評価差額のうち，法定実効税率部分は繰延税金資産（負債）とすることが妥当なのです。これが，損益に影響しない税効果の仕訳ということになります。
　今度は，前述の法定実効税率について説明しましょう。
　法定実効税率の「法定」とは，その会社等が所在する地域において法律で定められた税率，ということを意味し，「実効税率」とは，現実に納税者が負担する，課税標準に対する税金の割合を意味しており，わが国においては次のような算式で計算されます。

$$法定実効税率 = \frac{法人税率 \times (1 + 住民税率) + 事業税率}{1 + 事業税率}$$

　この式はわが国の税制から算出されるもので，税法上の課税標準から計算される法人税と，法人税に一定率をかけて算出される住民税，課税標準から計算されるものの，翌期において減算対象となる（計算した期においては加算する）事業税の特徴から，実際の負担率を計算するものです。

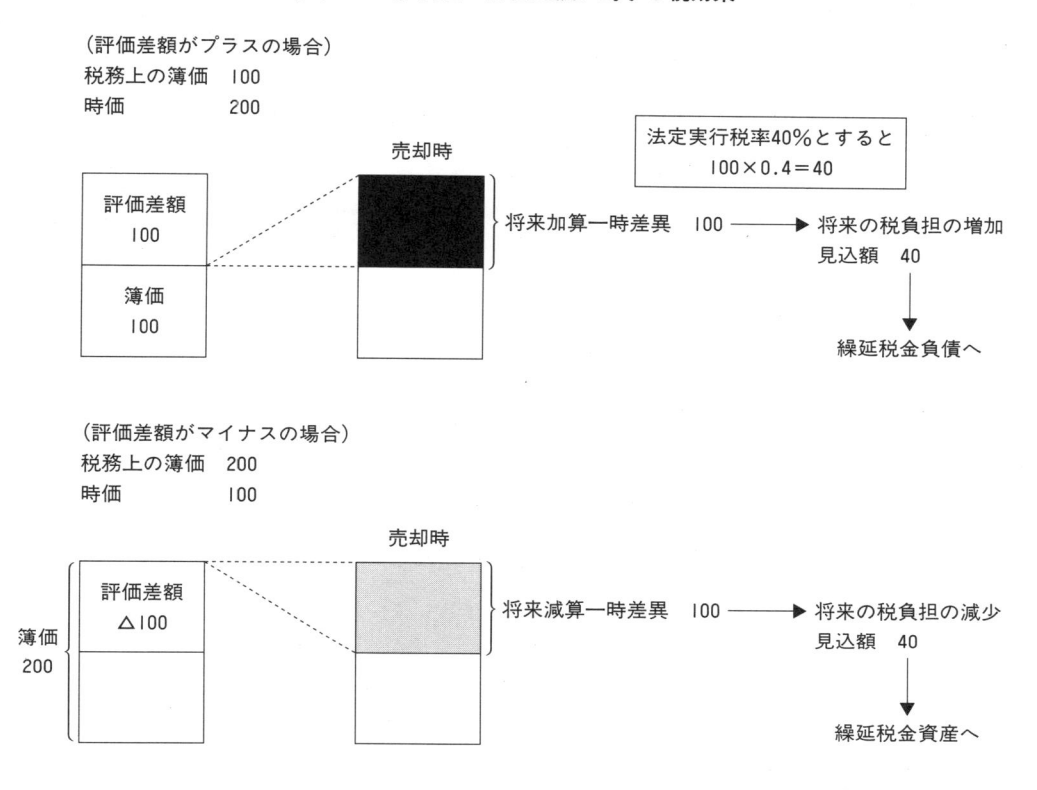

【図2-8】資産の評価差額に対する税効果

（評価差額がプラスの場合）
税務上の簿価　100
時価　　　　　200

評価差額　100
簿価　　　100

売却時　→　将来加算一時差異　100　→　将来の税負担の増加見込額　40　→　繰延税金負債へ

法定実行税率40％とすると
100×0.4＝40

（評価差額がマイナスの場合）
税務上の簿価　200
時価　　　　　100

評価差額　△100
簿価　200

売却時　→　将来減算一時差異　100　→　将来の税負担の減少見込額　40　→　繰延税金資産へ

　住民税や事業税は，課税対象が所在する住所によって異なることがありますが，通常の事業会社で，所在地が首都圏である場合には，現在約40％の法定実効税率となっています。
　なお，本店と支店が違う場所にある場合には，住民税率等の違いから法定実効税率が1つに定まらないことも考えられますが，実務的には代表的な事業所における税率を用いることが多いですし，本社は管理部門だけで，主要な所得源泉である事業所が別にある場合には，その事業所所在地における税率を用いることが妥当であると考えられます。
　ところで，この法定実効税率ですが，適用する税率はその一時差異が解消する期におけるものとされているため，期末時点において将来における税率の改正が公表されているような場合には，その改正時点以降に解消されると見込まれる一時差異にかかる実効税率はその公表された税率によって計算した金額とすることが必要です。
　最後に，一時差異に準ずるものの説明をしておきましょう。
　今まで，税効果会計の対象となるものは一時差異であると説明してきましたが，「税効果会計にかかる会計基準」では「一時差異等」という記載がされています。この「等」の部分には，実際には繰越欠損金及び繰越外国税額控除が該当します。
　これらは一時差異ではありませんが，一定の要件を満たせば一時差異と同様の効果を有する場合があります。つまり，税務上の繰越欠損金は発生した期から5年間で繰越期限切れとなりますが，その間に課税所得が生じた場合には課税所得を減額し，結果としてその

【図 2 – 9】 短期と長期の実効税率

法人税法の改正によって，1年後に税率が変更した場合

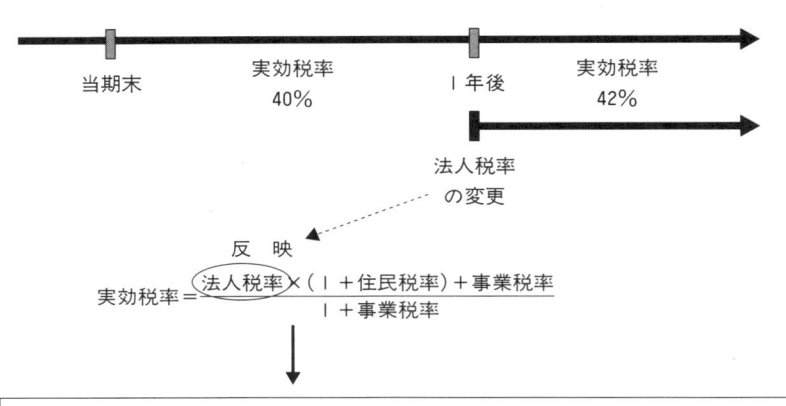

```
当期末    実効税率      1年後    実効税率
          40%                    42%
                        法人税率
                        の変更
```

実効税率 = (法人税率 × (1 + 住民税率) + 事業税率) / (1 + 事業税率)

反映：法人税率に変更を反映

短期の将来加算（減算）一時差異については変更前の実効税率（40%）を適用する。
長期の将来加算（減算）一時差異については変更後の実効税率（42%）を適用する。

年度の法人税等の額は繰越欠損金がない場合と比較して少なくて済むことになり，将来の節税効果があります。したがって，このような場合には資産（繰延税金資産）として扱うことが妥当です。また，税務上の繰越外国税額控除についても，繰越期間内に控除余裕額を限度として税額を控除することができるため，同様の扱いとなります。

しかしながら，これらに対して税効果会計を適用するケースはかなり限定されています。なぜなら，繰越欠損金が発生している法人において，将来における課税所得の発生が確実と見込まれることは難しいからです。仮に将来の課税所得の発生が不確実のまま繰延税金資産を計上してしまい，将来において課税所得がないまま繰越欠損金が消滅したような場合には，その年度において，計上されていた繰延税金資産を全て取り崩して税金の増加（＝費用）として処理しなければならないこととなり，期間帰属の適正性を損なうとともに，開示責任を果たせないこととなってしまう可能性があります。極端な場合には虚偽記載に基づく訴訟となるケースもありえます。

したがって，繰越欠損金等に対して税効果会計を適用するかどうかは厳格に検討する必要があり，会計士等の意見も参考にしつつ保守的な処理を行うことが望まれます。

では，具体的な会計処理を仕訳としてみていきましょう。

設 例 繰延税金資産及び繰延税金負債の計算

A法人は，以下の各資料に基づき，X2年の税金の期間配分計算を行う。
（前提）
① A法人は課税法人である。
② 繰延税金資産についての回収可能については，回収可能なものと判断する

（計算の手順）
① 一時差異等の金額を計算する。
② 一時差異等に係る繰延税金資産及び繰延税金負債の金額を計算する。
③ 繰延税金資産について回収可能性を検討し，その見直しを行う。

１．一時差異等と繰延税金資産及び繰延税金負債の計算
（Ａ法人の課税所得の計算）

Ａ法人のＸ１年及びＸ２年の法人税等として納付すべき額の内訳は，次のとおりである。

	Ｘ１年	Ｘ２年	差異の種類
税引前当期純利益	8,670	11,748	
加算：貸倒引当金損金算入限度超過額	1,000	500	一時差異
賞与引当金損金算入限度超過額	400	300	〃
棚卸資産評価損	800	—	〃
退職給付引当金損金算入限度超過額	2,000	1,000	〃
未払罰科金	300	—	
交際費損金不算入額	200	—	
加算計	4,700	1,800	
減算：賞与引当金損金算入限度超過額認容	—	400	一時差異
棚卸資産評価損認容	—	800	〃
未払事業税認容	—	1,470	〃
減算計	—	2,670	
課税所得	13,370	10,878	
未納付税金			
法人税・住民税	3,450	2,752	
事業税	1,337	1,088	

（注）Ｘ０年以前において，税務申告上の調整項目はないものとする。また，事業税の未納付額は一時差異に該当することに留意する。

（税率及び納付税額）
① 各年の税率及び法人税等として納付すべき額は，次のとおりである。

（税　率）

	Ｘ１年	Ｘ２年
法人税	22％	22％
住民税	3.806％（22％×17.3％）	3.3％（22％×15％）
事業税	10％	10％

（納付税額）

	Ｘ１年	Ｘ２年
法人税・住民税	13,370×（22％＋3.806％） ≒3,450	10,878×（22％＋3.3％） ≒2,752
事業税	13,370×10％ ≒1,337	10,878×10％ ≒1,088

② 繰延税金資産及び繰延税金負債を計算するに際して適用する各年の法定実効税率は，次のとおりである。

X1年：22%×(1＋17.3%)＋10%／1＋10%＝32.5509……%≒33%

X2年：22%×(1＋15%)＋10%／1＋10%＝32.0909……%≒32%

なお，X2年において税率の変更が行われているが，当該変更はX1年においては公布されていないものと仮定して，X1年の繰延税金資産及び繰延税金負債はX1年における課税計算に適用される税率により計算している。

(A法人の調整項目の説明と仕訳)

1－1．貸倒引当金

個別の債権の回収可能見込みにより必要と認めた額を計上しているため，税務上の損金算入限度超過額がそれぞれX1年に1,000，X2年に500生じており，X2年末における税務上の損金算入限度超過額の累計は1,500となる。

当該損金算入限度超過額は，会計上の債権計上額が決済されたとき（貸倒償却を実施したとき，貸倒引当金の取崩しが行われたとき等）に，課税所得の計算上減算されるため，将来減算一時差異に該当する。したがって，これに係る繰延税金資産を計上する。

```
仕 訳
(X1年)
(借方) 繰延税金資産         330／(貸方) 法人税等調整額       330
 ① 期首繰延税金資産  0
 ② 期末繰延税金資産  1,000×33%＝330
 ③ 繰延税金資産増加額  ②－①＝330

(X2年)
(借方) 繰延税金資産         150／(貸方) 法人税等調整額       150
 ① 期首繰延税金資産  1,000×33%＝330
 ② 期末繰延税金資産  1,500×32%＝480
 ③ 繰延税金資産増加額  ②－①＝150
```

1－2．賞与引当金

支給見込額を計上しているため，税務上の損金算入限度超過額がそれぞれX1年に400，X2年に300発生している。X1年における税務上の損金算入限度超過額400は，賞与の支出年度であるX2年に損金に認容される。

当該損金算入限度超過額は，賞与支給時に課税所得の計算上減算されるため，将来減算一時差異に該当する。したがって，これに係る繰延税金資産を計上する。

```
仕 訳
(X1年)
```

```
(借方) 繰延税金資産            132／(貸方) 法人税等調整額            132
 ①  期首繰延税金資産    0
 ②  期末繰延税金資産    400×33%＝132
 ③  繰延税金資産増加額    ②－①＝132

(X2年)
(借方) 法人税等調整額            36／(貸方) 繰延税金資産            36
 ①  期首繰延税金資産    400×33%＝132
 ②  期末繰延税金資産    300×32%＝96
 ③  繰延税金資産減少額    ②－①＝－36
```

1-3．棚卸資産

X1年に，長期滞留品につき，税務上の損金扱いはされないが，ある一定の基準により会計上800の評価損を計上した。X2年に当該滞留品をすべて処分したため，X1年に会計上で計上した評価損800がX2年に課税所得の計算上損金に認容される。

その結果，X1年では会計上の棚卸資産の額が税務上の簿価を下回っており，将来減算一時差異が生じていたが，X2年に当該滞留品をすべて処分したため，X2年において，将来減算一時差異は解消する。

```
仕　訳
(X1年)
(借方) 繰延税金資産            264／(貸方) 法人税等調整額            264
 ①  期首繰延税金資産    0
 ②  期末繰延税金資産    800×33%＝264
 ③  繰延税金資産増加額    ②－①＝264

(X2年)
(借方) 法人税等調整額            264／(貸方) 繰延税金資産            264
 ①  期首繰延税金資産    800×33%＝264
 ②  期末繰延税金資産    0×33%＝0
 ③  繰延税金資産減少額    ②－①＝－264
```

1-4．退職給付引当金

退職給付会計基準により算定した金額を計上しているため，税務上の損金算入限度超過額がそれぞれX1年に2,000，X2年に1,000発生している。

当該損金算入限度超過額は，退職給付引当金の取崩時に税務上，課税所得の減少をもたらすため，将来減算一時差異に該当する。したがって，これに係る繰延税金資産を計上する。

```
仕　訳
(X1年)
(借方) 繰延税金資産            660／(貸方) 法人税等調整額            660
```

① 期首繰延税金資産　0
② 期末繰延税金資産　2,000×33％＝660
③ 繰延税金資産増加額　②－①＝660

（X2年）
（借方）繰延税金資産　　　　　　　　　300／（貸方）法人税等調整額　　　　　300
① 期首繰延税金資産　2,000×33％＝660
② 期末繰延税金資産　3,000×32％＝960
③ 繰延税金資産増加額　②－①＝300

1－5．未払罰科金

X1年に関係当局より罰科金の支払通知を受けたので損失処理し，未払計上した。税務上は損金不算入項目である。

X1年に計上された未払罰科金は，課税所得の計算上で永久に損金に算入されないため，一時差異には該当しない。

仕　訳
な　し

1－6．交　際　費

X1年に交際費の損金不算入額が　200ある。

交際費の損金算入限度超過額は，課税所得の計算上で永久に損金に算入されないため，一時差異には該当しない。

仕　訳
な　し

1－7．未払事業税

課税所得に対する事業税額をそれぞれX1年末に1,337，X2年末に1,088未払計上している。なお，中間納付はないものとする。納付時には未払事業税が取り崩されることから，X2年に1,337が損金算入される。

未払事業税については，税務上の損金算入時期と会計上の費用認識時期との間に相違があり，会計上の負債計上時に税務上の負債として計上されないため，両者に差異を生じることとなる。

この差異は，事業税の納付時に課税所得の計算上減算されるものであり，将来減算一時差異に該当する。したがって，これに係る繰延税金資産を計上する。

仕　訳
（X1年）

(借方) 繰延税金資産　　　　　　　　441／(貸方) 法人税等調整額　　　　　441
① 期首繰延税金資産　　0
② 期末繰延税金資産　　1,337×33％＝441
③ 繰延税金資産増加額　②－①＝441

（X2年）
(借方) 法人税等調整額　　　　　　　93／(貸方) 繰延税金資産　　　　　　93
① 期首繰延税金資産　　1,337×33％＝441
② 期末繰延税金資産　　1,088×32％＝348
③ 繰延税金資産減少額　②－①＝－93

(2) 連結上の税効果

　連結上の税効果については，会計制度委員会報告第6号「連結財務諸表における税効果会計に関する実務指針」によってその詳細が規定されていますが，本書ではそのおおまかな解説と，独立行政法人等に関係してくると思われる項目についての簡単な解説を行うことにします。

　連結上行うべき税効果会計の対象となる連結財務諸表固有の一時差異は，課税所得の計算には関係しませんが，連結手続の結果として連結貸借対照表上の資産・負債の額と個別貸借対照表上の資産・負債の額が異なる場合に，この一時差異が将来解消される時に連結財務諸表上の利益を減額することによって個別財務諸表上の利益額と一致することになります。

　連結財務諸表固有の一時差異については以下のように例示されております。
① 資本連結に際し，子会社の資産及び負債の時価評価による評価差額
② 連結会社相互間の取引から生ずる未実現損益の消去
③ 連結会社相互間の債権と債務の相殺消去による貸倒引当金の減額修正

　この他，会計方針の統一を連結上行った結果，資産・負債の金額が個別上と連結上で差異が生じる場合や，在外子会社等の財務諸表の換算において発生する為替換算調整勘定部分，本来個別上で行うべき税効果会計を行っていなかったことによる連結上の税効果会計などがありますが，重要と思われる①～③について解説していきます。

① 資本連結に際し，子会社の資産及び負債の時価評価による評価差額

　資本連結手続上，子会社等の資産及び負債は投資取得日または支配獲得日の時価をもって評価し，その評価差額は資本として処理することになっています。

　子会社等の設立出資であれば，通常は資産・負債の時価と取得価額が一致しますのでこの評価差額が生じることはありませんが，設立から時間が経過してから子会社等を取得すると時価と取得価額が乖離している場合があります。その原因は主として土地や棚卸資産などの資産側の差額ですが，負債で乖離が生じることも稀にあります。

たとえば，子会社で計上している土地の取得価額が100で，期末における時価が300だった場合，連結上は土地が300として資本連結しますので，評価差額200が資本に計上されます。あるいは，100で計上している棚卸資産の時価が30しかなかったら，連結上は30で評価することとなり，△70の評価差額が資本に計上されます。この評価差額は1つの法人の中で通算しますので，評価差額は230ということになります。

ところで，この評価差額は全額資本とすべき性質のものでしょうか？

この含み益のある土地を翌期首に売却した場合，他に取引がなければ個別上の利益が200発生し，約80の税金負担が生じます。一方，連結上は時価評価していますので利益は発生しません。この同一の連結法人において，個別上と連結上の利益が乖離することを調整するため連結上の税効果会計が行われます。すなわち，評価差額のうち，将来税金負担となる80（＝200×40％）は繰延税金負債（有形固定資産なので固定）として負債に計上し，残りの120（＝200－80）を資本における評価差額として計上するのです。こうした処理により，個別上と連結上の利益が全期間を通して一致することになるのです。

同様に棚卸資産の評価差額△70は，来期において販売した場合に売却損として課税所得を引き下げる効果があり，28（＝70×40％）の節税効果があります。したがって，含み益の場合とは逆に繰延税金資産（棚卸資産なので流動）として28を資産計上し，残りの42を評価差額として負債にマイナス計上します。

実務的には，この処理は資産・負債の評価差額の合計に法定実効税率を乗じた金額（230×40％＝92の負債計上）を資産または負債に計上することになります。

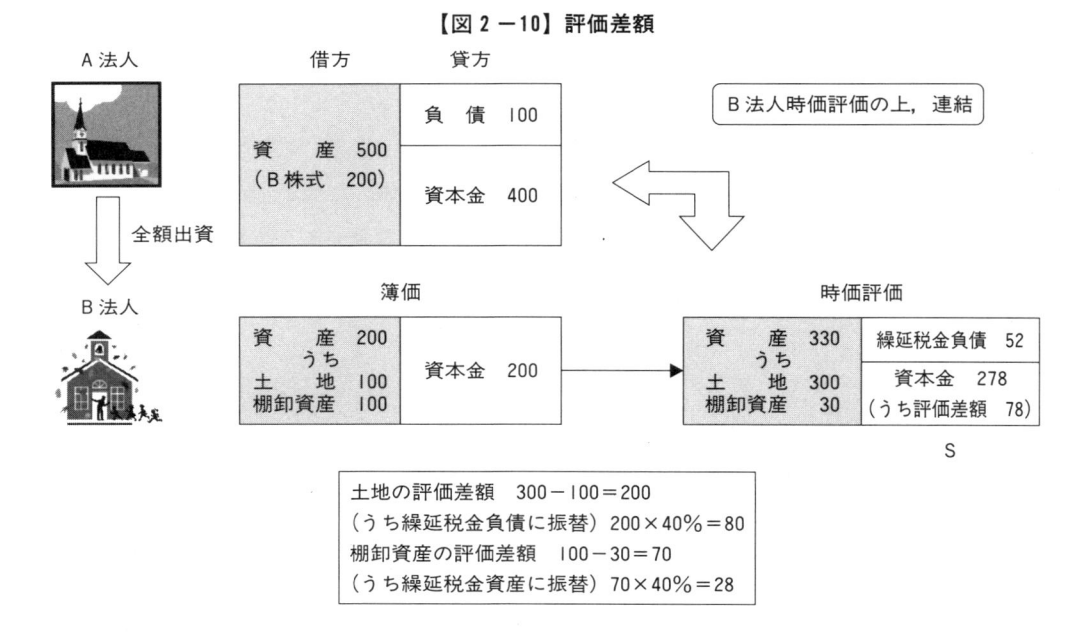

【図2－10】評価差額

設　例

独立行政法人Ａは，Ｂ社の株式を取得し子会社とした。株式取得時のＢ社資産・負債の

時価評価額は以下のとおりであり，B社は課税法人であり適用される実効税率は，40％である。

	簿価	時価	評価差額	繰延税金 資産	繰延税金 負債
現 金 預 金	100	100	0		
売 上 債 権	600	600	0		
有 価 証 券	700	1,600	900		360
棚 卸 資 産	800	300	(500)	200	
固 定 資 産	1,000	1,600	600		240
そ の 他	800	800	0		
計	4,000	5,000	1,000		
仕 入 債 務	(500)	(500)	0		
借 入 金	(1,600)	(1,600)	0		
退職給付引当金	(400)	(700)	(300)	120	
そ の 他	(500)	(500)	0		
計	(3,000)	(3,300)	(300)		
資 本 の 部	(1,000)	(1,000)	0		
評 価 差 額	0	(700)	(700)		
計	(4,000)	(5,000)	(1,000)	320	600

```
仕　訳
（評価差額の計上）
（借方）有価証券              900 ／（貸方）棚卸資産              500
        固定資産              600         退職給付引当金          300
                                          資本（評価差額）        700

仕　訳
（税効果の計上）
（借方）繰延税金資産          320 ／（貸方）繰延税金負債          600
        資本（評価差額）      280／
```

② 連結会社相互間の取引から生ずる未実現損益の消去

連結上，未実現損益の問題が生じるのは，連結集団内部での内部利益（損失）を上乗せしており，その対象となる商品等が期末において連結集団内に残っている場合であることを連結財務諸表編で記載したとおりです。

この未実現損益については連結上消去することとなりますが，個別財務諸表上では資産を売却し，売却損益を計上した売却元の法人において当該損益に対して課税されます。つ

まり，連結財務諸表上，資産売却損益は消去されていますが，税務上は資産売却損益に対して課税され，逆に，当該損益が連結上実現した時には課税されません。したがって未実現損益が発生した連結法人においては，個別財務諸表において課税関係は完了しており，当該連結法人においては未実現損益の消去にかかる将来の税金の減額効果は存在しません。

【図2-11】未実現損益にかかる課税関係

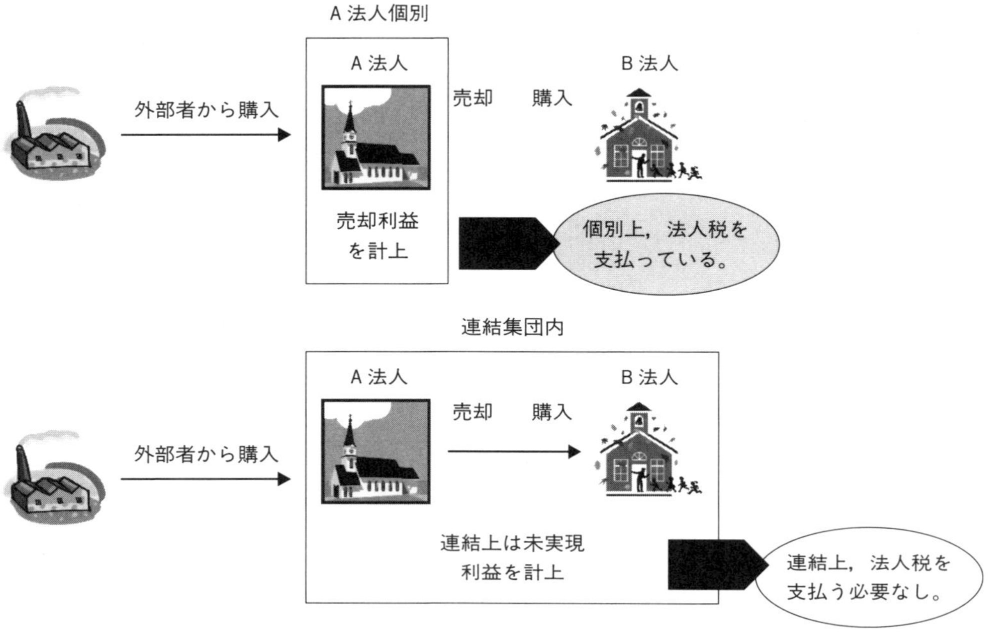

A法人個別

外部者から購入 → A法人 売却 購入 B法人
売却利益を計上 → 個別上，法人税を支払っている。

連結集団内

外部者から購入 → A法人 売却 購入 B法人
連結上は未実現利益を計上 → 連結上，法人税を支払う必要なし。

連結上の未実現利益に対して個別上は法人税を支払っているため，連結集団全体で考えると，法人税の前払いにあたり税効果会計が必要になる。

しかし，連結上消去された未実現利益は連結財務諸表固有の一時差異に該当するため税効果を認識し，当該未実現損益の実現に対応させて取り崩すこととなっています。

独立行政法人は，法人税等について，非課税法人もあり課税法人もあります。また国立大学法人は非課税法人であるため，非課税法人における個別財務諸表における税効果は，そもそもありません。しかしながら，連結財務諸表を作成する上で，被連結会社が課税法人である場合，税効果が発生します。

独立行政法人等のおける連結財務諸表上の未実現利益の税効果を認識する場合に，特に留意しなければならないのは，非課税法人である場合における未実現利益なのか，課税法人における未実現利益であるのかをはっきりさせたうえで，税効果会計の処理を行っていく必要があります。

また課税法人においても，非課税取引と課税取引が存在することが想定され，税効果が発生する取引なのか否かに留意が必要とされます。

> **企業会計参考資料**
> ・会計制度委員会報告第6号 「連結財務諸表における税効果会計に関する実務指針」
> ・会計制度委員会報告第10号 「個別財務諸表における税効果会計に関する実務指針」

設 例

ダウンストリーム（連結財務諸表提出法人から特定関連会社への販売）の場合

A法人が800千円で購入した資産を，特定関連会社（持分60％）B社（課税法人）に1,000千円で売却した場合で，期末時点においてB社で在庫されている場合，A法人が課税法人の場合（法定実効税率35％），非課税法人の場合の未実現利益に関わる仕訳を示しなさい。

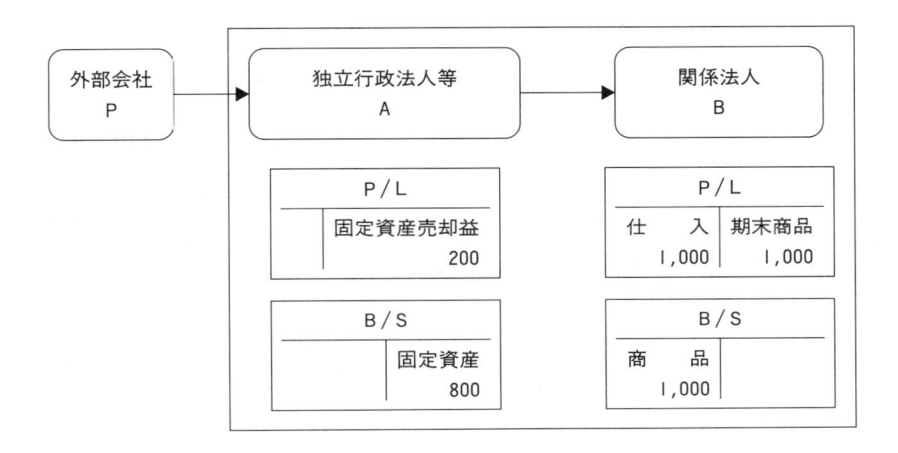

```
外部会社      独立行政法人等        関係法人
   P    ─→       A       ─→        B

              P/L                  P/L
          固定資産売却益       仕入  │ 期末商品
                    200       1,000 │  1,000

              B/S                  B/S
          固定資産            商品
                800               1,000
```

（A法人が課税法人の場合）

まずダウンストリームなので，その売買損益は，A法人に計上されているため，未実現利益消去については，少数株主持分との関係上，全額消去・親会社負担方式が適用されます。この場合，A法人において計上されている固定資産売却益200千円に対しての未実現利益であります。したがって，A法人が課税法人である場合，個別財務諸表上は，当該資産売却について利益を計上し，当該利益に対する税金も支払うこととなりますが，連結上は，当該利益は消去されることとなるため，その利益額分だけの税効果が発生することとなります。

従って，仕訳としては，以下のようになります。

```
仕 訳
(借方) 固定資産売却益      200／(貸方) 商 品           200
       繰延税金資産         70／       法人税等調整額    70
```

① 繰延税金資産の金額
200×35％（法定実行税率）＝70

（A法人が非課税法人の場合）

　A法人が，非課税法人であっても，計上されている利益に対しての未実現利益はあります。ここで，A法人が課税法人である場合と異なるのは，個別財務諸表上において，A法人が当該資産売却について利益を計上しても，当該利益に対する税金はかからないことです。したがって連結上で，当該利益は消去されることとなることとなっても，その税効果は発生することはありません。

　従って，仕訳としては，以下のようになります。

仕　訳
（借方）固定資産売却益　　　　　　　200／（貸方）商　品　　　　　　　　200

設　例

アップストリーム（特定関連会社より連結財務諸表提出会社への販売）の場合

　特定関連会社B法人（持分60％）が800千円で購入した商品を，連結財務諸表提出会社A法人（課税法人）に1,000千円で売却した場合で，期末時点においてA法人で資産計上されている場合，B法人が課税法人の場合（法定実効税率40％），非課税法人の場合の未実現利益に関わる仕訳を示しなさい。

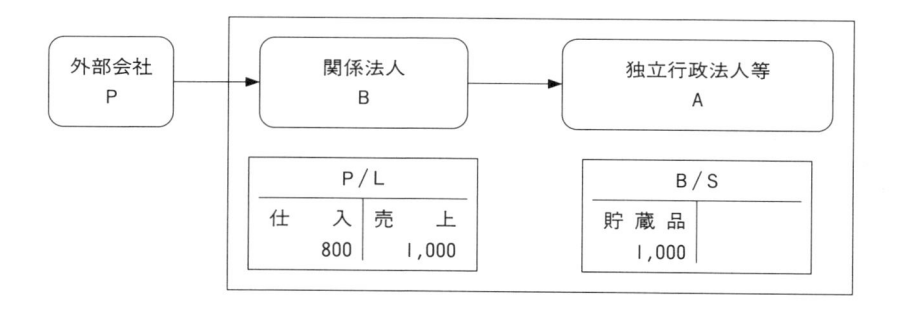

```
外部会社        関係法人         独立行政法人等
   P    ───▶     B    ───▶        A

              P／L              B／S
           仕入 │ 売上         貯蔵品
           800 │ 1,000         1,000
```

（B法人が課税法人の場合）

　まずアップストリームの場合，その売買損益は，特定関連会社であるB社に計上されているため，未実現利益消去については，少数株主持分との関係上，全額消去・持分按分負担方式が適用されます。この場合，B法人において計上されている売上利益200千円に対しての未実現利益であります。したがって，B法人が課税法人である場合，個別財務諸表上は，売上利益を計上し，当該利益に対する税金も支払うこととなりますが，連結上は，当該利益は消去されることとなるため，その利益額分だけの税効果が発生することとなり

ます。

従って，仕訳としては，以下のようになります。

```
仕　訳
（借方）売上原価                200／（貸方）商　品              200
　　　　少数株主持分(*1)          80／　　　少数株主損益           80
　　　　繰延税金資産(*2)          80／　　　法人税等調整額         80
　　　　少数株主損益(*3)          32／　　　少数株主持分           32
（*1）200×（100％－A法人持分60％）＝80
（*2）200×40％（法定実行税率）＝80
（*3）80（*2）×（100％－A法人持分60％）＝32
```

（B法人が非課税法人の場合）

　B法人が，非課税法人であっても，計上されている利益に対しての未実現利益はあります。ここで，B法人が課税法人である場合と異なるのは，個別財務諸表上において，B法人が売上についての利益を計上しても，当該利益に対する税金はかからないことです。したがって連結上で，当該利益は消去されることとなることとなったとしても，その税効果は発生することはありません。

　従って，仕訳としては，以下のようになります。

```
仕　訳
（借方）売上原価                200／（貸方）商　品              200
　　　　少数株主持分(*1)          80／　　　少数株主損益           80
（*1）200×（100％－A法人持分60％）＝80
```

③　連結会社相互間の債権と債務の相殺消去による貸倒引当金の減額修正

　連結法人相互間に債権債務があり，債権債務の相殺消去が行われた結果，相殺された債権に対応する貸倒引当金がある場合には減額修正されることになります。

　この貸倒引当金が，税務上損金として認められたものである場合には，連結貸借対照表上の貸倒引当金と税務上の貸倒引当金の間に差異（将来加算一時差異）が発生します。したがって，原則として連結上，繰延税金資産を計上することになります。

　一方，この貸倒引当金が，税務上損金として認められていないもの（個別上で貸倒引当

【図2－12】貸倒引当金の減額修正

○有税で引当金計上時の減額修正
```
（貸倒引当金）              ×××／（貸倒引当金繰入）    ×××
（法人税等調整額）          ×××／（繰延税金資産）      ×××
```

○無税で引当金計上時の減額修正
```
（貸倒引当金）              ×××／（貸倒引当金繰入）    ×××
（法人税等調整額）          ×××／（繰延税金負債）      ×××
```

金繰入超過等）である場合には，この減額修正によって個別財務諸表上の将来減算一時差異が消滅することになります。したがって，この一時差異に対して繰延税金資産を計上していた場合には，この繰延税金資産を連結上取り崩すこととなります。

設 例

連結財務諸表提出会社Ａ法人と特定関連会社Ｂ社（課税法人）の債権債務は以下のとおりである。Ａ法人が課税法人の場合（法定実効税率35％），非課税法人の場合の債権債務消去に関わる仕訳を示しなさい。貸倒実績率は，１％とする。

Ａ法人	売掛金　8,000千円（うちＢ社　2,000千円）
Ｂ社	買掛金　2,000千円（Ａ社）

（課税法人の場合）

Ａ社における債権の減少に伴う税効果を考えてみます。Ａ社において，将来減算一時差異について，その計算根拠たる債権自体が相殺され，貸倒引当金の計算根拠を失うこととなるので，引当金を取り崩しこととなります。その際，損金に算入されていれば，当該，税金の減額分を連結上は，繰延税金負債として計上し，もし損金不算入の場合で，Ａ社において当該項目について，繰延税金資産を計上している場合は，繰延税金資産の取崩をすることになります。

```
仕 訳
（借方）買掛金                    2,000／（貸方）売掛金                    2,000
       貸倒引当金(＊1)               20／       貸倒引当金繰入                20
       法人税等調整額(＊2)            7／       繰延税金資産（または繰延税金負債） 7
（＊1）2,000×1％＝20
（＊2）20×35％＝7
```

（非課税法人の場合）

上記課税法人の場合のような，税効果はありません。したがって，債権債務の消去と貸倒引当金の減額処理のみを行います。

```
仕 訳
（借方）買掛金                    2,000／（貸方）売掛金                    2,000
       貸倒引当金(＊1)               20／       貸倒引当金繰入                20
（＊1）2,000×1％＝20
```

(3) 持分法上の税効果

持分法上の投資価額と個別財務諸表上の投資簿価との差額から生じる一時差異，すなわ

ち，予想される配当以外の留保利益，連結調整勘定相当額の償却額，評価差額のうち持分法適用会社で実現し戻し入れたもの及び持分変動差損益は，持分法適用会社の株式の売却又は清算により実現する一時差異であり，投資会社において，税効果認識する場合，各税効果による繰延税金資産・繰延税金負債の合計額が繰延税金資産となる場合には，予測可能な将来の期間に投資を売却又は清算することが確実にときに計上し，当該合計額が繰延税金負債となる場合には，売却しないという意思決定を行っていないときに計上します。このように，繰延税金資産と繰延税金負債を計上する場合の要件は異なることに留意する必要があります。

特に繰延税金資産を計上する場合には，回収可能性以外に予測可能な将来の期間における実現の可能性が要求されています。この点については，回収可能性のみでよいのではないかという議論がありますが，税効果会計実務指針では認められておりません。

設 例

独立行政法人Ｐは，ｘ１年１月１日にＡ社の発行済み株式の20％を12,000千円で取得し，関連会社として持分法を適用した。取得時のＡ社の資本勘定は以下のとおりである。なお，Ｐ法人は連結財務諸表提出法人である。

Ａ社の資本勘定	
資 本 金	50,000
連結剰余金	4,000

1．投資と資本の差額及びその償却

$12,000-(50,000+4,000)\times 0.2=1,200$……連結調整勘定相当額（借方）

投資と資本の差額は連結調整勘定との整合性から発生した事業年度の損益として処理するものと考えられます。

```
仕 訳
（借方）持分法による投資損益      1,200／（貸方）投資有価証券      1,200
```

2．Ａ社の当期純利益が20,000千円のときにおける持分法適用仕訳

持分法適用会社の計上した利益のうち出資法人に帰属する部分を認識します。

```
仕 訳
（借方）投資有価証券           4,000／（貸方）持分法による投資損益   4,000
     （20,000×0.2＝4,000）
```

3．A社が配当金3,000千円を支払ったときにおける持分法適用仕訳

持分法適用会社から配当金を受け取った場合は，投資の額の減少と考えられるため，当該配当金に相当する投資の額を減額します。

```
仕　訳
（借方）受取配当金           600／（貸方）投資有価証券    600
       （3,000×0.2＝600）
```

4．未実現利益の消去

(1) ダウンストリームの場合における未実現利益の処理

P法人が8,000千円で購入した資産を，A社に10,000千円で売却した場合で，期末時点において期末時点でA社で在庫されている場合，P法人が課税法人の場合（法定実効税率40％），非課税法人の場合の仕訳を示すと以下のようになります。

（P法人が課税法人の場合）

売手側であるP法人に生じた未実現利益は，原則として当該未実現利益が生じた原因である売手側の売上高を消去し，未実現利益が含まれているA社の棚卸資産の要約である「投資有価証券」の額から消去します。また，P法人において消去した売上高に対応する税金の支払いが既におこなわれているので，それに対する税効果を認識します。

```
仕　訳
（借方）売上高               400／（貸方）投資有価証券    400
       （2,000×0.2＝400）
       繰延税金資産          160／     法人税等調整額    160
       （400×0.4＝160）
```

（P法人が非課税法人の場合）

P法人が，非課税法人であっても，計上されている利益に対しての未実現利益はあります。ここで，P法人が課税法人である場合と異なるのは，個別財務諸表上において，P法人が当該資産売却について利益を計上しても，当該利益に対する税金はかからないことです。したがって連結上で，当該利益は消去されることとなることとなっても，その税効果は発生することはありません。

```
仕　訳
（借方）売上高               400／（貸方）投資有価証券    400
       （2,000×0.2＝400）
```

(2) アップストリームの場合における未実現利益の処理

A社が8,000千円で購入した資産を，P法人に10,000千円で売却した場合で，期末時点において期末時点でP法人で在庫されている場合，A社が課税法人の場合（法定実効税率40％），非課税法人の場合の未実現利益にかかる仕訳を示すと以下のようになります。

（A社が課税法人の場合）

売手側であるA社に生じた未実現利益は，原則として当該未実現利益が生じた原因である売手側であるA社の売上高の要約である「持分法による投資損益」を消去し，未実現利益が含まれているP法人の棚卸資産（商品）を消去します。また，A社において消去した売上高（持分法による投資損益）に対応する税金の支払いが既におこなわれているので，それに対しても同様に投資の要約である「投資有価証券」及び「持分法による投資損益」を通して税効果を認識します。

```
仕　訳
（借方）持分法による投資損益      400／（貸方）商　品        400
　　　　（2,000×0.2＝400）
　　　　投資有価証券             160／　　　 持分法による投資損益  160
　　　　（400×0.4＝160）
```

（A社が非課税法人の場合）

A社が，非課税法人であっても，計上されている利益に対しての未実現利益はあります。ここで，A社が課税法人である場合と異なるのは，個別財務諸表上において，A社が売上についての利益を計上しても，当該利益に対する税金はかからないことです。したがって連結上で，当該利益は消去されることとなることとなったとしても，その税効果は発生することはありません。

```
仕　訳
（借方）持分法による投資損益      400／（貸方）商　品        400
　　　　（2,000×0.2＝400）
```

第❸章
繰延税金資産の回収可能性の検討

> **独立行政法人Q&A**
> Q35-1　繰延税金資産の回収可能性の判断に当たっては、日本公認会計士協会公表の「税効果会計に関する実務指針」を適用することとしてよいか。また、これを適用するに当たって、独立行政法人の特性に起因して考慮すべき事項はあるか。例えば、中期計画を超えた課税所得の発生について予測できるか。
> A 1　繰延税金資産の回収可能性の判断に当たっては、「個別財務諸表における税効果会計に関する実務指針」（平成10年12月22日　日本公認会計士協会会計制度委員会報告第10号）等によることが適切である。
> 　2　中期計画を超えた課税所得の発生について予測することも可能である。ただし、独立行政法人制度は中期目標期間ごとに厳格な評価を実施する仕組みであり、次の中期目標期間においては、業務運営の方針が変わることも想定されることから、中期目標期間を超えるような課税所得の予測を行う場合は、合理性のある予測を行うことが求められる。

　一時差異等にかかる税金の額は、将来の会計期間において回収または支払が見込まれる部分について計上することとなっており、繰延税金資産については、将来の回収の見込みについて毎期見直しを行わなければならないことと、「税効果会計にかかる会計基準」に規定されています。

　つまり、一般的にわが国の法人税制の下では将来加算一時差異が認識されるケースよりも将来減算一時差異が認識されるケースの方が多いわけですが、その将来減算一時差異の全てについて必ずしも繰延税金資産が計上されるわけではないということです。

　その理由は、繰延税金資産が資産として計上される以上、将来的に税金負担を軽減させる効果を確実にもっていることが必要ですが、その判断にあたっては予測・見積によるところが大きく、その客観性を判断することが非常に困難であるということと、繰延税金資産について商法上の配当原資となる可能性があるということ等が挙げられます。独立行政法人等では配当することは予定されていませんが、損益に影響すれば経営努力認定にかかる積立金の額等に影響してきますので、やはりその資産性の判断は重要です。一方で、繰延税金負債についても予測・見積によるといった点は同じですが、保守主義の原則から将来的に負担する可能性の高い負債は計上し、事前に（法人税等調整額により費用が増加するという意味で）費用を多く計上しておくという意味で、その回収（支払）可能性の検討

は特に規定されていません。

このような状況から，繰延税金資産については将来減算一時差異または税務上の繰越欠損金等が，将来の税金負担額を軽減する効果を有していると見込まれる場合にのみ繰延税金資産の回収可能性があると判断することができ，それ以外の場合には繰延税金資産を計上することができないこととされています。

【図3－1】繰延税金資産・負債の計上

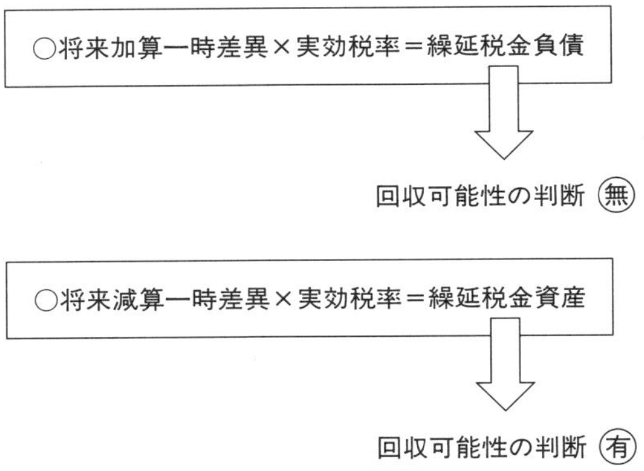

○将来加算一時差異×実効税率＝繰延税金負債

↓

回収可能性の判断 (無)

○将来減算一時差異×実効税率＝繰延税金資産

↓

回収可能性の判断 (有)

回収可能性に関する判断要件としては，①収益力に基づく課税所得の十分性，②タックスプランニングの存在，③将来加算一時差異の十分性が挙げられます。

つまり，①は，将来における通常の収益による課税所得の発生が，税効果の対象となる将来減算一時差異等と比較して十分であると判断できるに足る状況である場合には，その課税所得を減算する効果が確実として資産計上できるということを意味しています。②は，将来における通常の収益での課税所得が十分でないとしても，含み益のある資産をそのタイミングにおいて売却するなどして将来減算一時差異等を上回る課税所得を発生させ，課税所得の減算効果を確実なものとするという計画の存在を意味しています。③は，将来減算一時差異等が解消する時点において，将来加算一時差異の解消がある場合には，結果として課税所得を減算する効果があるとして資産性があると判断するということです。

具体的な判断の手順については監査委員会報告第66号「繰延税金資産の回収可能性の判断に関する監査上の取扱い」に以下のように規定されています。

① 期末における将来減算一時差異の将来解消見込年度のスケジューリングを実施する。
② 期末における将来加算一時差異の将来解消見込年度のスケジューリングを実施する。
③ 将来減算一時差異の解消見込額と将来加算一時差異の解消見込額とを，各解消見込年度ごとに相殺する。
④ ③で相殺し切れなかった将来減算一時差異の解消見込額については，その金額を解消見込年度を基に，その税務上認められる欠損金の繰戻・繰越期間内の将来加算一時差異の解消見込額と相殺する。
⑤ 以上の手順によっても残る将来減算一時差異の解消見込額については，その金額を

将来年度の課税所得の見積額（タックスプランニングによる課税所得の発生見込額を含む）と、解消見込年度ごとに相殺する。

⑥　⑤で相殺し切れなかった将来減算一時差異の解消見込額については、その金額を解消見込年度を基に、その繰戻・繰越期間内の課税所得の見積額（⑤で相殺後）と相殺する。

⑦　以上①から⑥の手続の結果、相殺し切れなかった将来減算一時差異にかかる繰延税金資産については、その回収可能性がないと判断され、繰延税金資産から控除されることとなる。

これを簡単に図で表示すると以下のようになります。

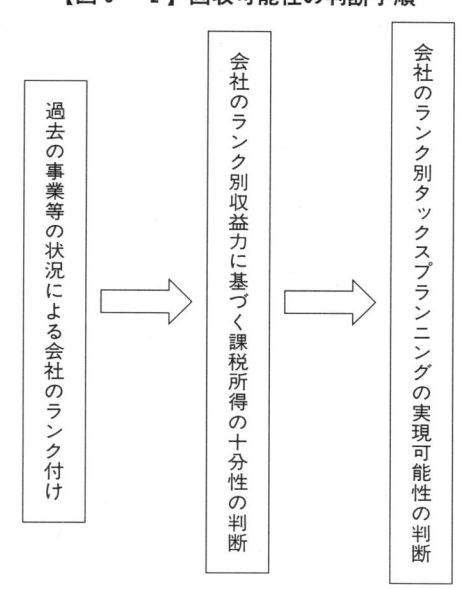

【図3-2】回収可能性の判断手順

| 過去の事業等の状況による会社のランク付け | → | 会社のランク別収益力に基づく課税所得の十分性の判断 | → | 会社のランク別タックスプランニングの実現可能性の判断 |

このような手順で繰延税金資産の回収可能性を判断するのですが、前述の通り、わが国においては将来加算一時差異よりも将来減算一時差異の方が多い場合がほとんどであり、実際の手順としては⑥の将来の課税所得の見積（収益力及びタックスプランニング）の部分が非常に重要になると考えられます。

この将来の収益力は客観的に判断することが非常に困難です。そこで委員会報告では、過去の業績等の状況を主たる判断基準として、将来の課税所得の見積にかかる判断を行うこととし、対象法人を次の5つに分類しています。

①　期末における将来減算一時差異を十分に上回る課税所得を毎期計上している会社等

②　業績は安定しているが、期末における将来減算一時差異を十分に上回るほどの課税所得がない会社等

③　業績が不安定であり、期末における将来減算一時差異を十分に上回るほどの課税所得がない会社等

④ 重要な税務上の繰越欠損金が存在する会社等
⑤ 過去連続して重要な税務上の欠損金を計上している会社等

また，④の会社の中で，"重要な税務上の繰越欠損金等が事業のリストラや法令等の改正などによる非経常的な特別の原因により発生したもので，それを除けば課税所得を毎期計上している会社"は，④の会社とはまた別の判断によることとされており，"④のただし書きの会社"と呼ばれています。

この区分において，①と②の会社については，将来減算一時差異にかかる繰延税金資産は回収可能と考えます。また③と④，④ただし書きの会社についてはその一部を回収可能とし，⑤の会社については原則として回収不可能と考えることとなっています。

したがって，税効果会計を適用し，繰延税金資産を計上しようとしている法人は，まず自身が①～⑤のどの区分の法人に該当するかを判断し，将来における課税所得と一時差異の解消のタイミングを適切にスケジューリングして，堅く見て回収可能と考えられる部分についてのみ資産計上を行うこととなります。

収益力に基づく課税所得の十分性を根拠に繰延税金資産を計上する場合には，法人によって将来の業績予測が作成されている必要がありますが，その予測は原則として取締役会

【図3－3】収益力に基づく回収可能性

			収益力に基づく課税所得の十分性	
			過去の業績等に基づく判断	将来解消見込み年度が長期にわたる将来減算一時差異の取り扱い
期末時の将来減算一時差異を十分上回る課税所得を毎期計上している会社		I	繰延税金資産の回収可能性はあると判断できる。	
期末時の将来減算一時差異を十分上回る課税所得がない会社	業績が安定している会社	II	「一時差異のスケジューリング」の結果に基づいて計上されている繰延税金資産は，回収可能性があると判断できる。	上記と同じ。
	業績が不安定な会社	III	将来の合理的な見積もり可能期間内の課税所得の見積り額を限度として，当該期間内の「一時差異等のスケジューリング」の結果に基づいて計上されている繰延税金資産は，回収可能性があると判断できるものとする。	将来の合理的な見積もり可能期間を超えた年度でも，当期末における上記の一時差異について，その最終回収年度までに解消見込みのある当該一時差異に係る繰延税金資産は，回収可能性があると判断できるものとする。
期末に重要な税務上の繰越欠損金のある会社等	繰越欠損金が非経常的な特別の原因により発生したもので，それを除けば課税所得を毎期計上している会社等			
	上記以外の会社	IV	翌期に課税所得の発生が確実に見込まれている場合に，その範囲内で翌期の「一時差異等のスケジューリング」の結果に基づいて計上されている繰延税金資産に限り，回収可能性があると判断できるものとする。	翌期における解消額についてのみ，回収可能性があると判断できるものとする。

や常務会等の承認を得たものであることが必要です。そして、取締役会等の承認を得たものであっても、法人の現状から明らかに合理性を欠くと認められる場合には、監査上妥当と認められないこともあります。

また、タックスプランニングによって発生する課税所得の見込額に基づいて繰延税金資産を計上しようとする場合には、資産の含み益等の実現可能性を判断することが重要であり、当該資産の売却にかかる会社としての意思決定及び実行可能性と、売却される資産の含み益等にかかる金額の妥当性を検討する必要があります。

委員会報告では、前述の会社区分により若干の差があるものの、資産の売却の意思決定が取締役会等で承認された事業計画等により明確で実現可能であること、及び資産の含み益等にかかる金額が契約等で確定するか期末に近い時点における公正な時価によっていることを満たす必要があるとしています。そして、⑤の区分の会社等については、原則としてタックスプランニングに基づく繰延税金資産の回収可能性の判断はできないとしつつ、例外的に税務上の繰越欠損金を十分に上回るほどの資産の含み益がある場合のみ検討する余地があるとしています。

【図3－4】タックスプランニングに基づく回収可能性

			タックス・プランニングの存在	
			資産の売却等に係る意思決定及び実行可能性の判断	売却される資産の含み益等に係る金額の妥当性の判断
期末時の将来減算一時差異を十分上回る課税所得を毎期計上している会社		I	上記について判断をする必要はない。	
期末時の将来減算一時差異を十分上回る課税所得がない会社	業績が安定している会社	II	取締役会等で承認された事業計画や方針等で明確になっており、かつ、資産の売却等に経済的合理性があることが必要。	含み益等に係る金額が契約等で確定しているか、たとえば有価証券は期末の時価、不動産は期末前一年以内の不動産鑑定価額等公正な価額によっていることが必要。
	業績が不安定な会社	III	将来の合理的な見積り可能期間内の課税所得の見積り額を限度として、当該期間内の「一時差異等のスケジューリング」の結果に基づいて計上されている繰延税金資産は、回収可能性があると判断できるものとする。	上記と同じ。
期末に重要な税務上の繰越欠損金のある会社等	繰越欠損金が非経常的な特別の原因により発生したもので、それを除けば課税所得を毎期計上している会社等			
	上記以外の会社	IV	売却等の意思決定が、取締役会の承認等、決裁権限者による決裁又は契約等で明確になっており、かつ、資産の売却等に経済合理性があり、実行可能であることが必要。	上記と同じ。
期末時の将来減算一時差異が過去の計上的な利益水準を大きく上回り、翌期末に重要な税務上の繰越欠損金が発生すると見込まれる会社				
過去連続して重要な税務上の欠損金を計上しており、かつ、当期も重要な税務上の欠損金の計上が見込まれる会社債務超過状態にある会社資本の欠損の状況が長期にわたっており、短期的に当該状況の解消が見込まれない会社		V	上記についての判断をすることはできない。ただし、税務上の繰越欠損金を十分に上回るほどの資産の含み益等を有しており、かつ、IVの会社についての要件を満たす場合のみ、タックス・プランニングに基づいた課税所得の発生見込額を翌期の課税所得の見積り額に織り込むことができるものとする。	

このようなステップをクリアして，初めて繰延税金資産を計上することが妥当となりますが，その後の状況によって回収可能性がなくなるような場合も十分起こりえます。したがって，法人は毎期末においてこの回収可能性を見直すことが必要となります。

　税効果会計は会計と税務の間の乖離を説明し，企業会計をベースとしながらも実際の税金の納付状況をも示すことに主眼があるわけですが，その前提が将来の課税所得等の予測による見積計算であるため，勘定固有の危険性が高いといえます。特に繰越欠損金等に対して繰延税金資産を計上する場合，金額が巨額になる場合も少なくありません。そして，万が一これが将来的に回収不能となった場合には将来一気に損が実現するとともに，今まで繰延税金資産を計上していた根拠の説明がつかなくことも考えられます。

　繰延税金資産の回収可能性については，相当の実務経験を有する担当者が行うとともに，有識者の意見を参考にして，適正な計画の作成と見積を行うことが必要です。

企業会計参考資料

・監査委員会報告第66号　「繰延税金資産の回収可能性の判断に関する監査上の取扱い」

参考資料

《監査委員会報告第60号「連結財務諸表における子会社及び関連会社の範囲の決定に関する監査上の取扱い」》

《監査委員会報告第52号「連結の範囲及び持分法の適用範囲に関する重要性の原則の適用に係る監査上の取扱い」》

《会計制度委員会報告第7号「連結財務諸表における資本連結手続に関する実務指針」》

《会計制度委員会報告第7号（追補）「株式の間接所有に係る資本連結手続に関する実務指針」》

《会計制度委員会報告第9号「持分法会計に関する実務指針」》

《監査委員会報告第53号「セグメント情報の監査に関する実務指針」》

《会計制度委員会報告第8号「連結財務諸表等におけるキャッシュ・フロー計算書の作成に関する実務指針」》

《会計制度委員会報告第6号「連結財務諸表における税効果会計に関する実務指針」》

《会計制度委員会報告第10号「個別財務諸表における税効果会計に関する実務指針」》

《監査委員会報告第66号「繰延税金資産の回収可能性の判断に関する監査上の取扱い」》

《『独立行政法人会計』東洋経済新報社》

《『最新独立行政法人の実務』ぎょうせい》

《『よくわかる国立大学法人会計基準』白桃書房》

《『よくわかる独立行政法人会計基準』白桃書房》

総合問題　第1問

　新日本国立大学（以下，S大学）は，TLOである全日本株式会社（以下，Z社）の発行済議決権株式の過半数を所有し，これを特定関連会社としている。そこで，平成×6年度（自平成×6年4月1日　至平成×7年3月31日）における下記の《資料》を参照して，答案用紙に示されている連結精算表を完成させなさい。なお解答数値の単位は，全て千円である。税効果は，考慮しない。

《資料1》　S大学のZ社の株式取得状況及びZ社資本勘定の推移（単位：千円）

取得日	取得比率	取得原価	資本金	利益剰余金
平成×3年3月31日	60%	420,000	500,000	150,000
平成×5年3月31日	20%	150,000	500,000	180,000

《資料2》　平成×6年度の連結財務諸表作成に関する事項

1. Z社は，連結外部から仕入れた研究用資材の一部をS大学に掛により売り上げている。なお，Z社のS大学に対する付加利益率は，前期25％，当期が20％である。
2. 平成×6年度のZ社のS大学向けの売上高は500,000千円であり（S大学においては，業務費で処理されている），S大学の期末棚卸資産にZ社より仕入れているものが平成×5年度末に58,000千円，平成×6年度末に64,200千円含まれている。
3. Z社のS大学に対する売掛金の期首残高及び期末残高は，それぞれ50,000千円及び60,000千円である。なお前期末及び当期末において，Z社とS大学との間に未達取引は一切生じていない。
4. Z社及びS大学ともに売上債権期末残高に対し，毎期2％の貸倒引当金を差額補充法により設定している。
5. S大学は，平成×6年9月末日に帳簿価額150,000千円の土地を200,000千円でZ社に売却した。
6. S大学は，平成×6年の期首にS大学法人債を発行した。

　　法人債の額面は1,000,000千円を額面@100円につき@90円で発行した。（償還期限5年，年間利率3％，利払日3月末）。なお，債券発行差金は，定額法により償却することとする。Z社は，発行と同時に上記社債のうち，額面100,000千円を満期保有目的で取得した。なお，Z社は，当該社債を償却原価法により評価している。

解答用紙(1)

(単位:千円)

科　目	個別財務諸表 S大学	個別財務諸表 Z社	個別財務諸表 合計	調整 借方	調整 貸方	連結財務諸表
貸借対照表						
建物	1,000,000	600,000	1,600,000			
備品	400,000	225,000	625,000			
減価償却累計額	(180,000)	(90,000)	(270,000)			
土地	800,000	240,000	1,040,000			
投資有価証券	50,000	130,000	180,000			
関係会社株式	570,000	0	570,000			
長期前払費用	350,000	146,160	496,160			
債券発行差金	80,000	0	80,000			
現金預金	127,100	199,180	326,280			
受取手形及び売掛金	575,000	263,250	838,250			
貸倒引当金	(11,500)	(5,265)	(16,765)			
棚卸資産	100,000	177,000	277,000			
未収収益	13,000	28,850	41,850			
短期貸付金	50,000	44,000	94,000			
合計	3,923,600	1,958,175	5,881,775			
国立大学法人等債	1,000,000		1,000,000			
長期借入金		500,000	500,000			
支払手形及び買掛金		425,000	425,000			
未払金	705,000		705,000			
短期借入金		150,000	150,000			
未払費用	407,500	3,000	410,500			
未払法人税等		32,000	32,000			
少数株主持分			0			
資本金	1,520,000	500,000	2,020,000			
連結剰余金	291,100	348,175	639,275			
合計	3,923,600	1,958,175	5,881,775			

解答用紙(2)

(単位:千円)

科　目	個別財務諸表 S大学	個別財務諸表 Z社	個別財務諸表 合計	調整 借方	調整 貸方	連結財務諸表
損益計算書						
経常費用						
業務費						
売上原価		(1,950,000)	(1,950,000)			
業務費	(4,500,000)		(4,500,000)			
営業費		(240,000)	(240,000)			
貸倒引当金繰入	(3,000)	(1,500)	(4,500)			
減価償却費	(48,000)	(22,500)	(70,500)			
財務費用						
支払利息	(6,900)	(10,500)	(17,400)			
債券利息	(30,000)		(30,000)			
債券発行差金償却	(20,000)		(20,000)			
経常費用合計	(4,607,900)	(2,224,500)	(6,832,400)			
経常収益						
運営費交付金収益	4,600,000		4,600,000			
売上高		2,500,000	2,500,000			
財務収益						
受取利息配当金	9,000	7,000	16,000			
有価証券利息		5,000	5,000			
経常収益合計	4,609,000	2,512,000	7,121,000			
経常利益	1,100	287,500	288,600			
臨時利益						
土地売却益	50,000	0	50,000			
臨時利益合計	50,000	0	50,000			
税金等調整前当期純利益	51,100	287,500	338,600			
法人税, 住民税及び事業税		(125,325)	(125,325)			
少数株主損益						
当期純利益	51,100	162,175	213,275			
当期総利益	51,100	162,175	213,275			
連結剰余金計算書						
Ⅰ　連結剰余金期首残高	240,000	196,000	436,000			
Ⅱ　連結剰余金減少高						
配当金	0	(8,000)	(8,000)			
役員賞与金	0	(2,000)	(2,000)			
Ⅲ　当期総利益	51,100	162,175	213,275			
Ⅳ　連結剰余金期末残高	291,100	348,175	639,275			

解 答(1)

科 目	個別財務諸表 S大学	個別財務諸表 Z社	個別財務諸表 合計	調整 借方	調整 貸方	連結財務諸表
貸借対照表						
建物	1,000,000	600,000	1,600,000			1,600,000
備品	400,000	225,000	625,000			625,000
減価償却累計額	(180,000)	(90,000)	(270,000)			(270,000)
土地	800,000	240,000	1,040,000		50,000	990,000
投資有価証券	50,000	130,000	180,000		92,000	88,000
関係会社株式	570,000	0	570,000		570,000	0
長期前払費用	350,000	146,160	496,160			496,160
債券発行差金	80,000	0	80,000		8,000	72,000
現金預金	127,100	199,180	326,280			326,280
受取手形及び売掛金	575,000	263,250	838,250		60,000	778,250
貸倒引当金	(11,500)	(5,265)	(16,765)	1,200		(15,565)
棚卸資産	100,000	177,000	277,000		10,700	266,300
未収収益	13,000	28,850	41,850			41,850
短期貸付金	50,000	44,000	94,000			94,000
合計	3,923,600	1,958,175	5,881,775	1,200	790,700	5,092,275
国立大学法人等債	1,000,000		1,000,000	100,000		900,000
長期借入金		500,000	500,000			500,000
支払手形及び買掛金		425,000	425,000			425,000
未払金	705,000		705,000	60,000		645,000
短期借入金		150,000	150,000			150,000
未払費用	407,500	3,000	410,500			410,500
未払法人税等		32,000	32,000			32,000
少数株主持分			0	4,140	171,635	167,495
資本金	1,520,000	500,000	2,020,000	500,000		1,520,000
連結剰余金	291,100	348,175	639,275	827,655	530,660	342,280
合計	3,923,600	1,958,175	5,881,775	1,491,795	702,295	5,092,275

解　答(2)

科　目	個別財務諸表			調整		連結財務諸表
	S大学	Z社	合計	借方	貸方	
損益計算書						
経常費用						
業務費						
売上原価		(1,950,000)	(1,950,000)	10,700	11,600	(1,949,100)
業務費	(4,500,000)		(4,500,000)		500,000	(4,000,000)
営業費		(240,000)	(240,000)			(240,000)
貸倒引当金繰入	(3,000)	(1,500)	(4,500)		200	(4,300)
減価償却費	(48,000)	(22,500)	(70,500)			(70,500)
財務費用						
支払利息	(6,900)	(10,500)	(17,400)			(17,400)
債券利息	(30,000)		(30,000)		3,000	(27,000)
債券発行差金償却	(20,000)		(20,000)		2,000	(18,000)
経常費用合計	(4,607,900)	(2,224,500)	(6,832,400)	10,700	516,800	(6,326,300)
経常収益						
運営費交付金収益	4,600,000		4,600,000			4,600,000
売上高		2,500,000	2,500,000	500,000		2,000,000
財務収益						
受取利息配当金	9,000	7,000	16,000	6,400		9,600
有価証券利息		5,000	5,000	5,000		0
経常収益合計	4,609,000	2,512,000	7,121,000	511,400		6,609,600
経常利益	1,100	287,500	288,600	522,100	516,800	283,300
臨時利益						
土地売却益	50,000	0	50,000	50,000		0
臨時利益合計	50,000	0	50,000			0
税金等調整前当期純利益	51,100	287,500	338,600	572,100	516,800	283,300
法人税，住民税及び事業税		(125,325)	(125,325)			(125,325)
少数株主利益				34,755	2,140	32,615
当期純利益	51,100	162,175	213,275	606,855	518,940	125,360
当期総利益	51,100	162,175	213,275	606,855	518,940	125,360
連結剰余金計算書						
Ⅰ　連結剰余金期首残高	240,000	196,000	436,000	220,800	3,320	218,520
Ⅱ　連結剰余金減少高						
配当金	0	(8,000)	(8,000)		8,000	0
役員賞与金	0	(2,000)	(2,000)		400	(1,600)
Ⅲ　当期総利益	51,100	162,175	213,275	606,855	518,940	125,360
Ⅳ　連結剰余金期末残高	291,100	348,175	639,275	827,655	530,660	342,280

解　説

1．平成×3年度（60％取得）

（借）	資本金	500,000	（貸）	関係会社株式	420,000
	連結剰余金期首残高 （利益剰余金）	150,000		少数株主持分	260,000(＊1)
	連結剰余金期首残高 （連結調整勘定償却）	30,000			

（＊1）（資本金500,000＋利益剰余金150,000）×40％＝260,000
　　　　連結調整勘定相当額は，一括償却する。

2．平成13年から平成15年度の取得後利益剰余金の振替

（借）	連結剰余金期首残高 （利益剰余金）	12,000(＊1)	（貸）	少数株主持分	12,000

（＊1）（平成15年末利益剰余金180,000－平成13年末利益剰余金150,000）×0.4＝12,000

3．20％追加取得

（借）	少数株主持分	136,000(＊1)	（貸）	関係会社株式	150,000
	連結剰余金期首残高 （連結調整勘定償却）	14,000			

（＊1）（資本金500,000＋利益剰余金180,000）×20％＝136,000

4．平成15年度の利益剰余金の振替

（借）	連結剰余金期首残高 （利益剰余金）	3,200(＊1)	（貸）	少数株主持分	3,200

（＊1）（平成16年末利益剰余金196,000－平成15年末利益剰余金180,000）×20％＝3,200

5．開始仕訳（上記1～4の合計）

（借）	資本金	500,000	（貸）	関係会社株式	570,000
	連結剰余金期首残高	209,200		少数株主持分	139,200

6．当期純利益の按分

(借)	少数株主損益	32,435	(貸)	少数株主持分	32,435

（*1） 当期純利益162,175×少数株主持分20％＝32,435

7．利益処分

(借)	受取利息配当金 少数株主持分	6,400(*1) 1,600(*2)	(貸)	配当金	8,000
(借)	少数株主持分	400(*3)	(貸)	役員賞与	400

（*1） 配当金8,000×S大学持分比率80％＝6,400
（*2） 配当金8,000×少数株主持分20％＝1,600
（*3） 役員賞与2,000×少数株主持分20％＝400

8．売上高と業務費の相殺

(借)	売上高	500,000	(貸)	業務費	500,000

9．棚卸資産に係る未実現利益の調整

(1) 期首未実現利益

(借)	連結剰余金期首残高 少数株主損益	11,600(*1) 2,320	(貸)	売上原価 連結剰余金期首残高	11,600 2,320

（*1） $58,000 \times 0.25 / (1+0.25) = 11,600$
（*2） （*1）×0.2＝2,320

(2) 期末未実現利益

(借)	売上原価 少数株主持分	10,700(*1) 2,140(*2)	(貸)	棚卸資産 少数株主損益	10,700 2,140

（*1） $64,200 \times 0.2 / (1+0.2) = 10,700$
（*2） （*1）×0.2＝2,140

10．債権と債務の相殺

(借)	未払金	60,000	(貸)	受取手形及び売掛金	60,000

11．貸倒引当金の調整

(借)	貸倒引当金	1,200(*2)	(貸)	連結剰余金期首残高 貸倒引当金繰入	1,000(*1) 200

（*1） 50,000×2％＝1,000
（*2） 60,000×2％＝1,200
（*3） 設問において税効果は考慮しませんが、本来認識することとなります。

12. 土地に係る未実現利益の調整

| (借) | 土地売却益 | 50,000(*2) | (貸) | 土地 | 50,000 |

13. 債券取引の調整

(借)	国立大学法人等債	100,000	(貸)	投資有価証券	92,000
	有価証券利息	2,000		債券発行差金償却	2,000
				債券発行差金	8,000
(借)	有価証券利息	3,000	(貸)	債券利息	3,000

総合問題　第2問

　平成17年7月現在，独立行政法人Pは，S社を特定関連会社として支配するとともに，A社の財務及び営業の方針決定に対して重要な影響を与えており，同社を関連会社として持分法を適用している。そこで，下記の《資料》を参照して，答案用紙に示されている連結損益計算書，連結剰余金計算書及び連結貸借対照表を完成させなさい。なおP法人，S社，A社の事業年度並びに連結会計年度は，毎年3月31日を決算日とする1年間であり，P法人及び特定関連会社は他に特定関連会社及び持分法適用会社を有していない，また，解答数値の単位はすべて万円であり，計算過程に端数が生じた場合には，万円未満を随時四捨五入すること。

《資料1》　P法人の株式取得及び売却状況

1．S社株式
  (1) 平成13年3月31日
    ① P法人は，S社発行株式の80％を42,000万円で取得した。
    ② 平成13年3月31日現在，S社の営業用建物Xの簿価は，15,000万円であり，時価は，17,000万円である。なお当該建物の取得日は，平成11年4月1日であり，定額法（耐用年数20年　残存価額10％）で減価償却している。また，その他の資産及び負債には，簿価と時価の乖離は生じていない。

2．A社株式
  (1) 平成15年3月31日
    ① P法人はA社発行済株式の30％を10,500万円で取得した。
    ② 平成15年3月31日現在，A社の土地Xの簿価は，10,000万円であり，時価は15,000万円である。なお当該土地の取得日は平成13年6月1日である，また，その他の資産及び負債には，簿価と時価の乖離は生じていない。

《資料2》　S社及びA社資本勘定の推移

	S社		A社	
	平成13年3月31日	平成16年3月31日	平成15年3月31日	平成16年3月31日
資本金	40,000	40,000	25,000	25,000
資本剰余金	4,000	4,000	3,000	3,000
利益剰余金	5,000	14,400	3,500	5,750

《資料3》 連結財務諸表作成のためのデータ

1. 商品及び債権，債務に関するデータ
   (1) P法人は連結外部から甲商品及び乙商品を仕入れており，連結外部，S社及びA社に販売している。なおP法人の売上利益利益率は，毎期一定であり，甲商品については，30％，乙商品について25％である。また，S社は甲商品をP法人からのみ仕入れており，A社は，乙商品をP法人からのみ仕入れている。
   (2) 甲商品及び乙商品の売買取引は，掛で行われており，掛代金の決済は，当座で行われている。期末現在未達取引が生じている。
   (3) S社及びA社が前期末又は，当期末に保有するP法人仕入商品について，棚卸減耗等は，一切生じていない。
   (4) 前期末において，P社とS社とA社の間に未達取引は一切生じていない。
   (5) P法人が作成したデータ
      ① 販売に関するデータ

	商品名	販売先	売上高
平成16年度	甲商品	S社	23,000
平成16年度	乙商品	A社	12,000

      ② 債権に関するデータ

	会社名	売掛金
期首	S社	4,000
期首	A社	1,500
期末	S社	4,200
期末	A社	1,600

   (6) S社が作成したデータ
      ① 仕入に関するデータ

	商品名	仕入先	仕入高
平成16年度	甲商品	P法人	22,800

      ② 在庫に関するデータ

	商品名	仕入先	在庫金額
期　首	甲商品	P法人	1,200
期　末	甲商品	P法人	1,000

③ 債務に関するデータ

	会社名	買掛金
期首	P法人	4,000
期末	P法人	3,900

(7) A社が作成するデータ

① 仕入に関するデータ

	商品名	仕入先	仕入高
平成16年度	乙商品	P法人	12,000

② 在庫に関するデータ

	商品名	仕入先	在庫金額
期首	乙商品	P法人	600
期末	乙商品	P法人	700

③ 債務に関するデータ

	会社名	買掛金
期首	P法人	1,500
期末	P法人	1,600

《資料4》連結財務諸表作成に際しての留意事項

1. P法人は営業債権期末残高に対し，毎期2％の貸倒引当金を設定している。
2. S社の資産及び負債の時価評価は，全面時価評価法による。なお，償却性資産の簿価と時価の差額についても残存価額10％を認めるものとする。
3. A社の資産及び負債の時価評価は，部分時価評価法の原則法による。
4. 発行済議決権株式の過半数を取得した日をP法人のS社に対する支配権獲得日とする。
5. 持分法の適用にあたり，A社の役員賞与は利益処分項目として処理している。
6. 連結財務諸表作成上，留保利益，連結調整勘定及び連結調整勘定相当額の償却，配当金の受取，S社株式の売却に対しては，税効果会計を適用しない。なお実効税率は，P法人，S社及びA社ともに毎期40％とする。

《資料5》個別財務諸表

1．利益処分計算書

科目	P法人	S社	A社
	平成16年6月26日	平成16年6月27日	平成16年6月24日
当期未処分利益	78,510	12,000	4,000
利益処分額			
積立金	3,000		
利益準備金		200	80
配当金		1,500	600
役員賞与金		500	200
中間配当積立金		1,300	620
次期繰越利益金	75,510	8,500	2,500

2．損益計算書

科目	P法人	S社	A社
	当　期	当　期	当　期
売上高	100,000	80,000	50,000
売上原価	70,000	60,000	40,000
売上総利益	30,000	20,000	10,000
営業費	13,000	8,200	4,700
貸倒引当金繰入額	140	80	50
建物減価償却費	1,200	890	400
備品減価償却費	1,400	830	500
営業利益	14,260	10,000	4,350
受取利息配当金	2,700	60	60
有価証券利息	280	250	200
支払利息	600	550	300
有価証券評価損	200		
経常利益	16,440	9,760	4,310
備品売却益	30		
税引前当期純利益	16,470	9,760	4,310

法人税・住民税及び事業税	6,500	3,800	1,700
法人税等調整額	△200	△40	△100
当期純利益	10,170	6,000	2,710
前期繰越利益	75,510	8,500	2,500
中間配当積立金取崩額	—	1,000	500
中間配当金	—	1,000	500
中間配当に伴う利益準備金積立額	—	100	50
当期未処分利益	85,680	14,400	5,160

（注）　売上原価の内訳

	P法人	S社	A社
期首商品棚卸高	5,000	4,500	3,600
当期商品仕入高	72,000	58,000	40,500
期末商品棚卸高	7,000	2,500	4,100

3．貸借対照表

科目	P法人	S社	A社
	平成17年3月31日	平成17年3月31日	平成17年3月31日
現金及び預金	16,800	12,000	10,600
売掛金	30,000	27,000	20,000
貸倒引当金	−610	−560	−400
有価証券	2,600	—	—
商品	7,000	2,500	4,100
繰延税金資産	35	28	30
未収収益	140	100	80
建物	44,000	26,000	9,900
備品	16,000	6,630	2,700
減価償却累計額	−18,230	−9,200	−4,210
土地	28,000	20,000	12,200
投資有価証券	5,000	10,200	8,000
関係会社株式	52,500	—	—
長期貸付金	7,200	—	—
貸倒引当金	−210	—	—

繰延税金資産	620	―	―
資産合計	190,845	94,698	63,000

科目	P法人	S社	A社
	平成17年3月31日	平成17年3月31日	平成17年3月31日
買掛金	23,400	20,000	14,400
未払金	860	920	570
未払費用	300	180	100
未払法人税等	3,405	2,198	2,770
長期借入金	16,000	10,000	10,000
資本金	50,000	40,000	25,000
資本剰余金	6,000	4,000	3,000
積立金	5,200	―	―
利益準備金	―	1,200	500
中間配当積立金	―	1,800	1,500
当期未処分利益	85,680	14,400	5,160
負債資本合計	190,845	94,698	63,000

解答用紙(1)

〈貸借対照表（平成17年3月31日現在）〉　　　　（単位：万円）

資産の部				負債の部		
Ⅰ　流動資産				Ⅰ　流動負債		
現金及び預金		（　　）		買掛金		（　　）
売掛金	（　　）			未払金		（　　）
貸倒引当金	（　　）	（　　）		未払費用		（　　）
有価証券		（　　）		未払法人税等		（　　）
商品		（　　）				
繰延税金資産		（　　）		流動負債合計		（　　）
未収収益		（　　）		Ⅱ　固定負債		
流動資産合計		（　　）		長期借入金		（　　）
Ⅱ　固定資産				繰延税金負債		（　　）
1．有形固定資産				固定負債合計		（　　）
建物（附属設備を含む）	（　　）					
備品	（　　）			負債合計		（　　）
減価償却累計額	（　　）	（　　）				
土地		（　　）		少数株主持分		（　　）
有形固定資産合計		（　　）				
				資本の部		
2．投資その他の資産				Ⅰ　資本金		（　　）
投資有価証券		（　　）				
関係会社株式		（　　）				
長期貸付金	（　　）			Ⅱ　資本剰余金		（　　）
貸倒引当金	（　　）	（　　）				
繰延税金資産		（　　）		Ⅲ　連結剰余金		（　　）
投資その他の資産合計		（　　）				
				資本合計		（　　）
固定資産合計		（　　）				（　　）
資産合計		（　　）		負債・少数株主持分・資本合計		（　　）

解答用紙(2)

〈損益計算書（自平成16年4月1日至平成17年3月31日）〉

(単位：万円)

経常費用
 業務費
  売上原価
   1．期首商品棚卸高 　　（　　）
   2．当期商品仕入高 　　（　　）
    合　　計 　　　　　（　　）
   3．期末商品棚卸高 　　（　　）　（　　）
 一般管理費
  営業費 　　　　　　　（　　）
  貸倒引当金繰入 　　　（　　）
  建物減価償却費 　　　（　　）
  備品減価償却費 　　　（　　）
 財務費用 　　　　　　　（　　）
  支払利息 　　　　　　（　　）
  有価証券評価損 　　　（　　）　（　　）
   経常費用合計 　　　　　　　　　（　　）

経常収益
 売上高 　　　　　　　　　　　（　　）
 財務収益
  受取利息配当金 　　　（　　）
  有価証券利息 　　　　（　　）
  持分法による投資利益 （　　）　（　　）
   経常収益合計 　　　　　　　　　（　　）

経常利益 　　　　　　　　　　　　　　　（　　）

臨時利益
 備品売却益 　　　　　　　　　（　　）
  臨時利益合計 　　　　　　　　　　（　　）
税金等調整前当期純利益 　　　　　　　　（　　）
法人税，住民税及び事業税 　　　　　　　（　　）
法人税等調整額 　　　　　　　　　　　　（　　）
少数株主利益 　　　　　　　　　　　　　（　　）
当期純利益 　　　　　　　　　　　　　　（　　）
当期総利益 　　　　　　　　　　　　　　（　　）

解答用紙(3)

〈連結剰余金計算書〉　（単位：万円）

I	連結剰余金期首残高	（　　）
II	連結剰余金減少高	
	役員賞与	（　　）
III	当期総利益	（　　）
IV	連結剰余金期末残高	（　　）

解　答(1)

〈貸借対照表（平成17年3月31日現在）〉　　　　　（単位：万円）

資産の部			負債の部		
Ⅰ　流動資産			Ⅰ　流動負債		
現金及び預金		28,900	買掛金		39,500
売掛金	52,800		未払金		1,780
貸倒引当金	1,086	51,714	未払費用		480
有価証券		2,600	未払法人税等		5,603
商品		9,340			
繰延税金資産		194	流動負債合計		47,363
未収収益		240			
流動資産合計		92,988	Ⅱ　固定負債		
			長期借入金		26,000
Ⅱ　固定資産			繰延税金負債		640
1．有形固定資産			固定負債合計		26,640
建物（附属設備を含む）	72,000				
備品	22,630		負債合計		74,003
減価償却累計額	27,830	66,800			
土地		48,000	少数株主持分		12,472
有形固定資産合計		114,800			
			資本の部		
2．投資その他の資産			Ⅰ　資本金		50,000
投資有価証券		15,200			
関係会社株式		11,395			
長期貸付金	7,200		Ⅱ　資本剰余金		6,000
貸倒引当金	210	6,990			
繰延税金資産		620	Ⅲ　連結剰余金		99,518
投資その他の資産合計		34,205			
			資本合計		155,518
固定資産合計		149,005			
資産合計		241,993	負債・少数株主持分・資本合計		241,993

解　答(2)

〈損益計算書（自平成16年4月1日至平成17年3月31日）〉

(単位：万円)

経常費用			
業務費			
売上原価			
1．期首商品棚卸高	9,140		
2．当期商品仕入高	107,200		
合　　計	116,340		
3．期末商品棚卸高	9,340	107,000	
一般管理費			
営業費	21,200		
貸倒引当金繰入	216		
建物減価償却費	2,190		
備品減価償却費	2,230	25,836	
財務費用			
支払利息	1,150		
有価証券評価損	200	1,350	
経常費用合計			134,186
経常収益			
売上高		156,992	
財務収益			
受取利息配当金	430		
有価証券利息	530		
持分法による投資利益	813	1,773	
経常収益合計			158,765
経常利益			24,579
臨時利益			
備品売却益		30	
臨時利益合計		30	
税金等調整前当期純利益			24,609
法人税，住民税及び事業税			10,300
法人税等調整額			281
少数株主利益			1,188
当期純利益			13,402
当期総利益			13,402

解　答⑶

〈連結剰余金計算書〉　　（単位：万円）

Ⅰ	連結剰余金期首残高	86,576
Ⅱ	連結剰余金減少高	
	役員賞与	460
Ⅲ	当期総利益	13,402
Ⅳ	連結剰余金期末残高	99,518

解　説

1．評価差額の計上

（借）	建物	2,000(*1)	（貸）	繰延税金負債（固定） （S社・固定資産）	800(*2)
				評価差額	1,200
（借）	連結剰余金期首残高	300(*3)	（貸）	減価償却累計額	400
	建物減価償却費	100(*4)			
（借）	繰延税金資産（固定） （S社・固定資産）	160	（貸）	連結剰余金期首残高	120(*5)
				法人税等調整額	40(*6)

（*1）　時価17,000－簿価15,000＝2,000
（*2）　2,000（*1）×実効税率40％＝800
（*3）　2,000（*1）×0.9×3年（平成13.4～平成16.3）／18年（平成13.4～平成31.3）＝300
　　　　（18年：耐用年数は，取得日ではなく，支配獲得日から算定している。）
（*4）　2,000（*1）×0.9×1年（平成16.3～平成17.3）／18年（平成13.4～平成31.3）＝100
（*5）　300（*3）×実効税率40％＝120
（*6）　100（*4）×実効税率40％＝40

2．個別剰余金計算書

	P法人	S社	A社
連結剰余金期首残高	80,710(*1)	14,220(*2)	5,750(*3)
当期純利益	10,170	5,940	2,710
合　計	90,880	20,160	8,460
配当金	－	2,500	1,100
役員賞与金	－	500	200
連結剰余金期末残高	90,880	17,160	7,160

（*1）　前期末任意金（B/S 5,200－積立金3,000）＋前期末未処分利益78,510＝80,710
（*2）　前期末利益準備金900（期末1,200－中間100－利益処分200）＋前期末中間配当積立金1,500（期末1,800－利益処分1,300＋取崩1,000）＋前期末未処分利益12,000－評価差額（300－120）＝14,220
（*3）　前期末利益準備金370（期末500－中間50－利益処分80）＋前期末中間配当積立金1,380（期末1,500－利益処分620＋取崩500）＋前期末未処分利益4,000＝5,750
（*4）　評価差額考慮後

3．連結修正仕訳（S社）

	平成13年 3／31	平成16年 3／31	平成17年 3／31
	80%		
資　本　金	40,000	40,000	40,000
資本剰余金	4,000	4,000	4,000
連結剰余金	5,000(*1)	14,220(*2)	17,160(*3)
評価差額	1,200	1,200	1,200
合　　計	50,200	59,420	62,360
取得持分	40,160		
取得原価	42,000		
連結調整勘定	1,840(*4)		

（*1）利益準備金500＋中間配当積立金1,500＋当期未処分利益3,000＝5,000
（*2）組替修正後個別剰余金計算書
（*3）組替修正後個別貸借対照表
（*4）連結調整勘定は，即時償却される。

4．開始仕訳（S社）

① 取得時（80%取得）

（借）	資本金	40,000	（貸）	関係会社株式	42,000
	資本剰余金	4,000		少数株主持分	10,040(*1)
	連結剰余金期首残高 （利益剰余金）	5,000			
	連結剰余金期首残高 （連結調整勘定償却）	1,840			
	評価差額	1,200			

（*1）資本合計50,200×少数株主持分比率20%＝10,040

② 増加剰余金の振替

（借）	連結剰余金期首残高	1,844	（貸）	少数株主持分	1,844

（期首剰余金残高）14,320（14,220－5,000）×少数株主持分20%＝1,844

③ ①＋②→開始仕訳

（借）	資本金	40,000	（貸）	関係会社株式	42,000
	資本剰余金	4,000		少数株主持分	11,884
	連結剰余金期首残高	8,684			
	評価差額	1,200			

5．当期純利益の按分

| (借) | 少数株主損益 | 1,188 | (貸) | 少数株主持分 | 1,188 |

（＊1）　6,000×少数株主持分20％＝1,200

6．利益処分

(借)	受取利息配当金	2,000	(貸)	配当金	2,500(＊1)
	少数株主持分	500			
(借)	少数株主持分	100	(貸)	役員賞与	100

（＊1）　利益処分1,500＋中間配当1,000＝2,500

7．未達取引

(1) 期末商品未達

| (借) | 当期商品仕入高 | 200(＊1) | (貸) | 買掛金 | 200 |
| | 商品 | 200 | | 期末商品棚卸高 | 200 |

（＊1）　P法人におけるS社への甲商品売上高23,000－S社における対P法人からの甲商品仕入高22,800＝200

(2) 掛代金期末決済未達

| (借) | 現金及び預金 | 100(＊1) | (貸) | 売掛金 | 100 |

（＊1）　P法人におけるS社売掛期末残高4,200－（S社における対P法人買掛金期末残高3,900＋期末甲商品未達200）＝100

8．売上高と仕入高の相殺

| (借) | 売上高 | 23,000 | (貸) | 当期商品仕入高 | 23,000 |

9．期首商品に含まれる未実現利益の調整

| (借) | 連結剰余金期首残高 | 360(＊1) | (貸) | 期首商品棚卸高 | 360 |
| | 法人税等調整額 | 144(＊2) | | 連結剰余金期首残高 | 144 |

（＊1）　期首手許甲商品1,200×30％＝360
（＊2）　360(＊1)×実効税率40％＝144

10．期末商品に含まれる未実現利益の調整

(借)	期末商品棚卸高	360(＊1)	(貸)	商品	360
	繰延税金資産（流動）	144(＊2)		法人税等調整額	144
	（P法人）				

（＊1）　（期末手許商品甲商品1,000＋期末甲商品未達200）×30％＝360
（＊2）　（＊1）×実効税率40％＝144

11．債権債務の相殺

| （借） | 買掛金 | 4,100 | （貸） | 売掛金 | 4,100 |

（＊1） S社におけるP法人買掛金期末残高3,900＋期末甲商品未達200＝4,100
（＊2） P法人におけるS社売掛金期末残高4,200－期末決済未達100＝4,100

12．営業債権に係る貸倒引当金の調整

（借）	貸倒引当金	84（＊1）	（貸）	連結剰余金期首残高	80（＊2）
				貸倒引当金繰入額	4
（借）	連結剰余金期首残高	32（＊4）	（貸）	繰延税金負債（流動）	34（＊3）
	法人税等調整額	2			

（＊1） P法人における対S社売掛金期末残高4,200×2％＝84
（＊2） P法人における対S社売掛金期首残高4,000×2％＝80
（＊3） 84（＊1）×実効税率40％＝34
（＊4） 80（＊2）×実行税率40％＝32

13．持分法適用仕訳（A会社）

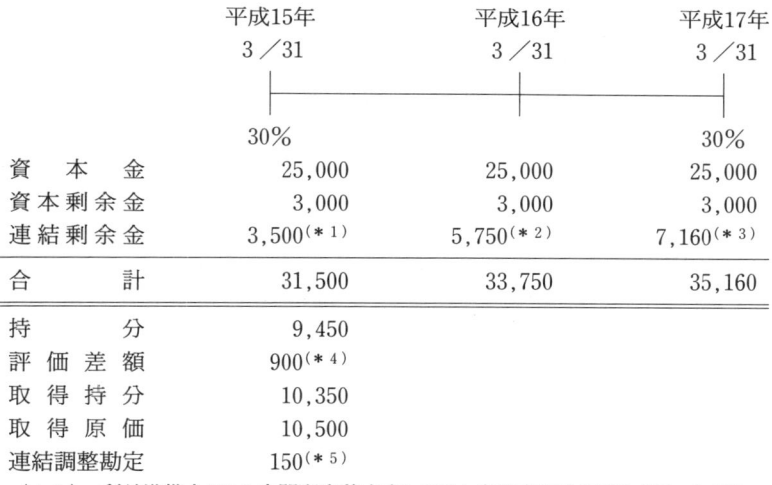

	平成15年 3／31	平成16年 3／31	平成17年 3／31
	30％		30％
資　本　金	25,000	25,000	25,000
資本剰余金	3,000	3,000	3,000
連結剰余金	3,500（＊1）	5,750（＊2）	7,160（＊3）
合　　計	31,500	33,750	35,160
持　　分	9,450		
評価差額	900（＊4）		
取得持分	10,350		
取得原価	10,500		
連結調整勘定	150（＊5）		

（＊1） 利益準備金500＋中間配当積立金1,000＋当期未処分利益2,000＝3,500
（＊2） 組替修正後個別剰余金計算書
（＊3） 組替修正後個別貸借対照表
（＊4） 土地の評価益で，税効果を考慮すると以下のようになります。
　　　　（15,000－10,000）×0.3×0.6＝900
（＊5） 連結調整勘定は，即時償却される。

14．開始仕訳

(1) 連結調整勘定相当額の即時償却

| （借） | 連結剰余金期首残高 | 150 | （貸） | 関係会社株式 | 150 |

(2) 平成15年度末
① 増加剰余金の認識

| (借) | 関係会社株式 | 675(*1) | (貸) | 連結剰余金期首残高 | 675 |

（*1） （H16年度3月末剰余金5,750－H15年度3月末剰余金3,500）×0.3＝675

(3) 開始仕訳(1)＋(2)

| (借) | 関係会社株式 | 525 | (貸) | 連結剰余金期首残高 | 525 |

15．当期純利益の認識

| (借) | 関係会社株式 | 813(*1) | (貸) | 持分法による投資損益 | 813 |

（*1） 2,710×P法人持分30％＝813

16．利益処分

| (借) | 受取利息配当金 | 330(*1) | (貸) | 関係会社株式 | 330 |
| | 役員賞与 | 60(*2) | | 関係会社株式 | 60 |

（*1） 1,100（利益処分600＋中間配当500）×P法人持分30％＝330
（*2） 200×P法人持分30％＝60

17．期首商品に含まれる未実現利益の調整

| (借) | 連結剰余金期首残高 | 45(*1) | (貸) | 売上高 | 45 |
| | 法人税等調整額 | 18(*2) | | 連結剰余金期首残高 | 18 |

（*1） 期首手許乙商品600×乙商品利益率25％×P法人持分30％＝45
（*2） 45(*1)×実効税率40％＝18

18．期末商品に含まれる未実現利益の調整

| (借) | 売上高 | 53(*1) | (貸) | 関係会社株式 | 53 |
| | 繰延税金資産 | 21(*2) | | 法人税等調整額 | 21 |

（*1） 期末手許乙商品700×乙商品利益率25％×P法人持分30％＝52.5≒53
（*2） 53(*1)×実効税率40％＝21.2≒21

19．繰延税金資産と繰延税金負債の相殺

| (借) | 繰延税金負債（流動） | 34(*1) | (貸) | 繰延税金資産（流動） | 34 |

（*1） 繰延税金資産（流動）＞繰延税金負債（流動）より相殺金額は34

科目	評価差額の調整後個別財務諸表			調整		
	P法人	S社	合計	借方	貸方	合計
貸借対照表						
現金及び預金	16,800	12,000	28,800	100		28,900
売掛金	30,000	27,000	57,000		4,200	52,800
貸倒引当金	−610	−560	−1,170	84		−1,086
有価証券	2,600	−	2,600			2,600
商品	7,000	2,500	9,500	200	360	9,340
繰延税金資産	35	28	63	165	34	194
未収収益	140	100	240			240
1．有形固定資産						
建物（附属設備を含む）	44,000	28,000	72,000			72,000
備品	16,000	6,630	22,630			22,630
減価償却累計額	−18,230	−9,600	−27,830			−27,830
土地	28,000	20,000	48,000			48,000
2．投資その他の資産						
投資有価証券	5,000	10,200	15,200			15,200
関係会社株式	52,500	−	52,500	1,338	42,443	11,395
長期貸付金	7,200	−	7,200			7,200
貸倒引当金	−210	−	−210			−210
繰延税金資産	620	−	620			620
資産合計	190,845	96,298	287,143	1,887	47,037	241,993
買掛金	23,400	20,000	43,400	4,100	200	39,500
未払金	860	920	1,780			1,780
未払費用	300	180	480			480
未払法人税等	3,405	2,198	5,603			5,603
短期繰延税金負債			0	34	34	0
長期借入金	16,000	10,000	26,000			26,000
長期繰延税金負債		640	640			640
負債合計	43,965	33,938	77,903	4,134	234	74,003
少数株主持分				600	13,072	12,472
資本金	50,000	40,000	90,000	40,000		50,000
資本剰余金	6,000	4,000	10,000	4,000		6,000
連結剰余金	90,880	17,160	108,040	36,476	27,954	99,518
評価差額		1,200	1,200	1,200		0
資本合計	146,880	62,360	209,240	81,676	27,604	155,518
負債・資本合計	190,845	96,298	287,143	86,410	41,260	241,993
損益計算書						
経常費用						
業務費						
売上原価	(70,000)	(60,000)	(130,000)	560	23,560	(107,000)
1．期首商品棚卸高	5,000	4,500	9,500		360	9,140
2．当期商品仕入高	72,000	58,000	130,000	200	23,000	107,200
合　計	77,000	62,500	139,500	200	23,360	116,340
3．期末商品棚卸高	7,000	2,500	9,500	360	200	9,340
一般管理費	(15,740)	(10,100)	(25,840)		4	(25,836)
営業費	(13,000)	(8,200)	(21,200)			(21,200)
貸倒引当金繰入	(140)	(80)	(220)		4	(216)
建物減価償却費	(1,200)	(990)	(2,190)			(2,190)
備品減価償却費	(1,400)	(830)	(2,230)			(2,230)

財務費用	(800)	(550)	(1,350)			(1,350)
支払利息	(600)	(550)	(1,150)			(1,150)
有価証券評価損	(200)	0	(200)			(200)
経常費用合計	(86,540)	(70,650)	(157,190)	560	23,564	(134,186)
経常収益						
売上高	100,000	80,000	180,000	23,053	45	156,992
財務収益						
受取利息配当金	2,700	60	2,760	2,330		430
有価証券利息	280	250	530			530
持分法による投資利益					813	813
経常収益合計	102,980	80,310	183,290	25,383	858	158,765
経常利益	16,440	9,660	26,100	25,943	24,422	24,579
臨時利益						
備品売却益	30		30			30
税金等調整前当期純利益	16,470	9,660	26,130	25,943	24,422	24,609
法人税，住民税及び事業税	(6,500)	(3,800)	(10,300)			(10,300)
法人税等調整額	200	80	280	164	165	281
少数株主損益				1,188		(1,188)
当期純利益	10,170	5,940	16,110	27,295	24,587	13,402
当期総利益	10,170	5,940	16,110	27,295	24,587	13,402
連結剰余金計算書						
連結剰余金期首残高	80,710	14,220	94,930	9,121	417	86,226
連結剰余金減少高	10,170	5,940	16,110	27,295	24,587	13,402
配当金	90,880	20,160	111,040	36,416	25,004	99,628
役員賞与金	−	(2,500)	(2,500)		2,500	0
当期総利益	−	(500)	(500)	60	100	(460)
連結剰余金期末残高	90,880	17,160	108,040	36,476	27,604	99,168

独立行政法人等会計基準・注解，Q&A索引

◆ 基準・注解 ◆

	独法	国大	
・連結財務諸表の作成目的	第99	第89	15
・連結財務諸表の作成目的及び性格について	注74	注59	15,16
・連結財務諸表一般原則	第100	第90	17
・重要性の原則の適用について	注75	注60	17,18
・連結の範囲	第101	第91	20,21
・連結の範囲からの除外について	注76	注61	21
・連結決算日	第102	第92	30,31
・決算日に差異がある場合の取扱いについて	注77	注62	30,31
・会計処理の原則及び手続	第103	第93	32,33
・会計処理の統一について	注78	注63	32,33
・連結財務諸表の体系	第104	第94	34
・区分経理が要請される独立行政法人の連結財務諸表	第105		114
・連結貸借対照表作成の基本原則	第106	第95	35
・特定関連会社の資産及び負債の評価	第107	第96	36
・特定関連会社に該当することとなった日が，特定関連会社の決算日以外の日である場合の取扱いについて	注79	注64	36
・出資と資本の相殺消去	第108	第97	39
・少数株主持分	第109	第98	48
・特定関連会社の欠損が当該特定関連会社に係る少数株主持分に割り当てられるべき額を超える場合の処理について	注80	注65	48,49,115,116
・債権と債務の相殺消去	第110	第99	50
・法人税等の期間配分に係る会計処理	第111	第100	124
・関連会社等に対する持分法の適用	第112	第101	51,52
・持分法適用の範囲からの除外について	注81	注66	52,53
・表示区分	第113	第102	58
・繰延資産について	注82	注67	59
・連結損益計算書作成の基本原則	第114	第103	61
・連結法人相互間の取引高の相殺消去	第115	第104	62
・未実現損益の消去	第116	第105	63
・表示区分	第117	第106	64,65
・連結キャッシュフロー計算書の作成基準	第118	第107	66
・表示区分及び表示方法	第119	第108	68,69
・連結剰余金計算書作成の基本原則	第120	第109	73
・表示方法	第121	第110	74
・関連公益法人等の情報開示	第122	第111	75,76
・関連公益法人等について	注83	注68	75,76
・関連公益法人等の範囲	第123	第112	76,77
・関連公益法人等について	注84	注69	77,78
・連結財務諸表の附属明細書	第124	第113	82

- 連結セグメント情報の開示　　　　第125　　第114　………109
- 連結セグメント情報の開示　　　　注85　　　注70　………109
- 連結財務諸表の注記　　　　　　　第126　　第115　………113

◆Q&A◆

	独法	国大	
・連結財務諸表の表示等に関する重要性の具体的な判断基準について	Q100-1	Q90-1	19
・特定関連会社がなく，関連会社がある場合の，連結財務諸表の作成の要否について	Q101-1	Q91-1	27
・特定関連会社がなく，関連公益法人がある場合の開示について	Q101-2	Q91-2	28
・連結の範囲及び持分法範囲の重要性の判断基準について	Q101-3	Q91-3	28,29
・特定関連会社及び関連会社の範囲の決定基準について	Q101-4	Q91-4	29
・連結除外の規定について	Q101-5		30
・独法最初の連結決算が半年分になる場合における取扱い	Q102-1		32
・特定関連会社に該当することとなった日が特定関連会社の決算日以外の日である場合の取扱い	Q107-1	Q96-1	36,37
・持分法の範囲の除外の重要性の判断について	Q112-1	Q101-1	53
・繰延資産の会計処理の統一についての考え方	Q113-1	Q102-1	59,60
・連結キャッシュ・フローの表示方法について	Q119-1	Q108-1	69,70
・独立行政法人（国立大学法人等）の役職員経験者とは	Q123-1	Q112-1	78
・公益法人等とは	Q123-2	Q112-2	78
・関連公益法人等に該当するか否かの判断の時期について	Q123-3	Q112-3	79,80
・連結セグメント情報の開示に際しての重要性基準について	Q125-1	Q114-1	110

```
┌─────────────────────────────────────────────┐
│ 本書に関する問い合わせ先                        │
│ 〒100-0011                                   │
│ 東京都千代田区内幸町2－2－3　日比谷国際ビル    │
│ 新日本監査法人　公会計本部                     │
│ 電話　03-3503-1137　ファクシミリ　03-3503-1183 │
└─────────────────────────────────────────────┘
```

■よくわかる 独立行政法人 国立大学法人 連結・税効果会計
　　　　　　　　　　　　　　　　　　（れんけつ　ぜいこうか かいけい）
－実践詳解－　　　　　　　　　　　　　〈検印省略〉

■発行日──2004年8月6日　初版第1刷発行

■編　者──新日本監査法人
■発行者──大矢栄一郎
■発行所──株式会社　白桃書房（はくとうしょぼう）
　　　　　〒101-0021　東京都千代田区外神田5-1-15
　　　　　☎03-3836-4781　📠03-3836-9370　振替00100-4-20192
　　　　　http://www.hakutou.co.jp/

■印刷／製本──藤原印刷株式会社

　© Shin Nihon & Co. 2004
　Printed in Japan　ISBN4-561-36148-0　C3034

Ⓡ〈日本複写権センター委託出版物〉
　本書の全部または一部を無断で複写複製（コピー）することは，著作権
　法上での例外を除き，禁じられています。本書からの複写を希望され
　る場合は，日本複写権センター(03-3401-2382)にご連絡ください。
　落丁本・乱丁本はおとりかえいたします。

新日本監査法人　編

よくわかる
独立行政法人会計基準
実践詳解
〔改訂版〕

複式簿記や発生主義の基本から独立行政法人会計基準の全容理解までを1冊でカバー。基準の考え方や実務指針,具体的な会計処理を図や例題でわかりやすく解説。官庁会計に接してきた実務家が理解しやすいように配慮。

ISBN4-561-36133-2 C3034　B5判　488頁　本体4,500円

よくわかる
国立大学法人会計基準
実践詳解
〔第2版〕

国立大学法人制度の骨子は説明責任にありこれを支えるのが評価制度の導入と企業会計手法である。国大基準等の解説のみならず,国立大学法人における会計の果たすべき役割に言及しつつ会計処理の考え方を詳しく解説。

ISBN4-561-36147-2 C3034　B5判　532頁　本体4,762円

（表示価格に別途消費税がかかります）

東京　白桃書房　神田